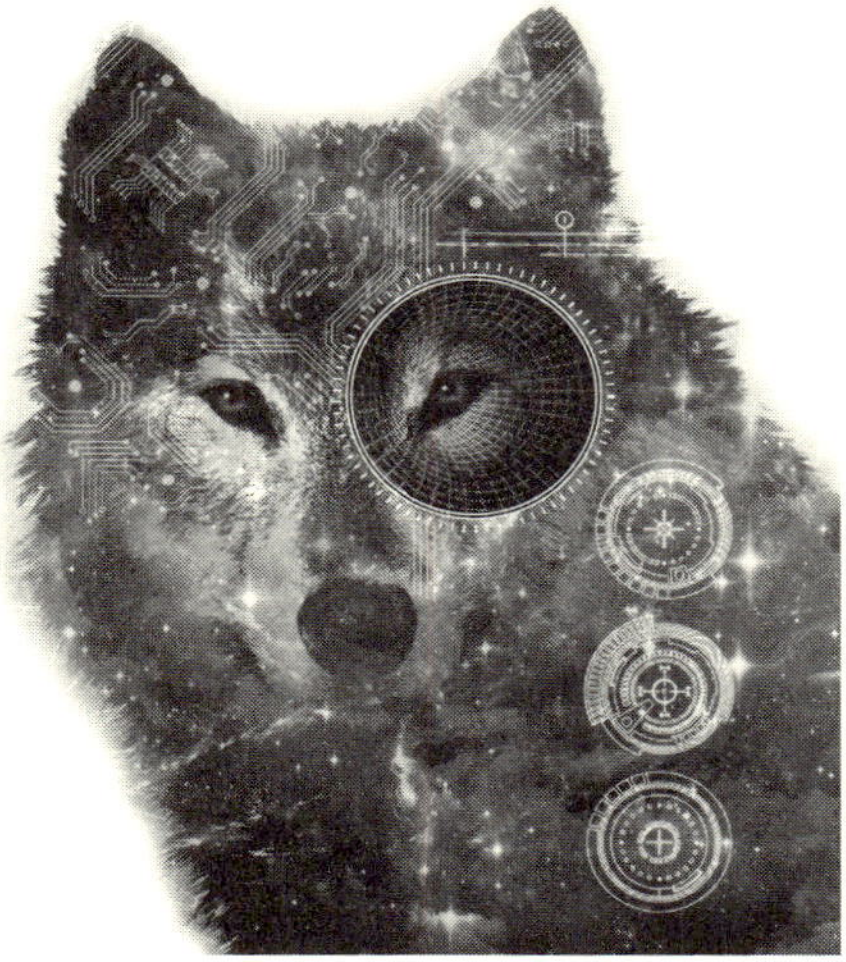

荒野のおおかみ

押井守論

上野俊哉
Toshiya Ueno

青弓社

荒野のおおかみ——押井守論／目次

カバー装画――Ree. k
装丁――神田昇和

序章

犬と狼の間で

押井守の映画やアニメを批評する。そのために何をなすべきか。

それは、もとより感想や好悪を語ることでもない。映画研究（film studies）という枠組みや方法のなかで考えることでもない。押井が映画やアニメを撮ったり作ったりするさいに考えていることを追っかけてたどることでもない。

強いていえば、作家が考えてもいなかったような読みをすること、そこに批評は成立する。人間の心に無意識なるものを想定しうるなら、映像や表現にも無意識が、つまりはからずもやってしまっていることがある。これを私は「テクストの無意識」と呼んでいる。批評はこの次元、この難題の臨界点に挑戦する。この点で批評は因習的な意味での研究や評論とはすれちがう。

たとえば、引用は無意識であってもいい。ジャン゠リュック・ゴダールは映画に引用を持ち込み、このことによって映画というジャンルに自意識を帯電させた。押井は意識的引用、少しばかりの韜晦とペダンチシズムすれすれの細部にわたる語りと視線によって、アニメに無意識を持ち込んだのだった。

近年、引用はひどくウザがられる。出所や起源を見せずに、容易に同定できない引用は面倒な知識や理屈としてうとんじられる。というより、引用に無関心であることが、よきエンターテインメントの受け手であるかのようだ。知らないことはいつの間にか恥ではなくなり、知ったかぶりをしてはひと晩の努力で穴を埋めるようなまねはもはや誰もしなくなった。

そして切れのいい引用は、書物の世界からも映像のシーンからも消え去りつつある。だが、いや、だからこそ本書はこの意味で徹底して反時代的たろうとする。つまり、意識的でない引用にまで踏み込んで映像を見つめ、物語を追い、絵柄を眺め、セリフを深読みする。哲学や思想でアニメや映画を解釈しているのではない。アニメやマンガ、映画の特異な読みによって、様々な思想や哲学、理論や概念がストンとわかってしまうような場に向かってにじり寄ろう、というのが本書のもくろみである。

押井の『イノセンス』にはハラウェイ博士なるキャラクターが登場する。一九八五年に「サイボーグ宣言」という記念碑的論考を書いた霊長類学者にして、サイボーグ・フェミニズムの創始者、ダナ・ハラウェイと同じ名前である。だから、あの映画のなかで人形や動物や人間のアイデンティティについて、彼女が頼まれもしないのに長々としゃべり続けるのも自然に受け取れる。ところで現実のハラウェイは二〇〇三年に『伴侶種宣言』[1]という本を出し、ここのところずっと自分と飼い犬の関係について論じている。犬という家畜を、「お供の動物」「伴侶種」という視角から、人間にとっての他者性、あるいは人と人でないもののカップリングの動態について思考している。ということをまったく知らずに、押井が「サイボーグ宣言」だけを念頭にハラウェイというキャラクターを提示しているのは面白かった（少なくとも私には）。そして『イノセンス』完成直後のインタビューでこの件についてふれたときにはまんざらでもなさそうな顔をしていた。こういう事例を「テクストの無意識」と呼びたいということだ。

押井は私のちょうどひと回り上の年齢にあたる。もともと世代や年代でものを区切ることに関心がないほうなので、押井もまた年代論や世代論にはまっていないこと、むしろこれを避けている点を興味深く見てきた。

さらに戦車や戦闘機やメタルスーツ（機動服）などに対する好みやこだわりも、彼を批評的に追っかけてきた理由の一つになっている。ついでにいえば、警察や軍隊の内部での抗争や反乱、官僚機構との軋轢を好んで描く点も、学生運動や新左翼運動へのそこはかとないシンパシー――私にとってそれらは歴史でしかないが――も、押井の作品を継続的に深く見て掘ってきた動機になっているかもしれない。

ただし、こういったからといって、全共闘の時代や世代に対する憧れで押井を持ち上げたことは一度もない。むしろ、一九六八年的なもの、そうした出来事の奥底にある笑いやユーモア、バカバカしさを彼の作品のなかに読んできた（だからいつも、まじめな活動家や知識人のひんしゅくを買うことにもなるのだが）。

ある時期で物事を区切ることにそもそも違和感を抱く。たとえば、一九九五年を境に（地震やカルト宗教のテロで）何かが変わったとか、インターネットやソーシャルメディアの普及が世界やコミュニケーションを変えたといったたぐいの物言いにまったく関心がもてないし、信用できない。八〇年代はリアルではなく、いまやっと言説や思想が現実に対応し始めたといったことをいう思想家だの研究者だのを見ると、何年代であれ、そもそもリアルに生きていなかったのはあんただろ、と言いたくもなる。

近頃では、誰もが「3・11以後」という言い方をする。「震災以後」「原発事故以後」というのもそうである。様々な問題や困難は、あの出来事以前からずっと見えにくくあっても存在してきたはずなのに、誰もが「ここにきて～になった」と言いたがる。

押井は『コミュニケーションは、要らない』で「原発事故は第三の原爆だ」という言い方をしている。いささか問題含みの発言だが、意図するところはシンプルだ。つまり、「これはボコボコに負けていることを隠蔽し、忘れたふりをし続けている戦争だ」ということに尽きる。しかも放射能による広範な環境の汚染という忘れてはならないはずの事実を日常のなかに埋没させ、それればかりか社会や政治が積極的にこの忘却に加担する事態として。この「もう忘れかけている」という状況こそ、大本営発表から今日の汚染水流出はじめ様々な日々のニュースをつなぐ「戦争状態」なのである。

押井はこの「戦争」で「あえて原発推進派になる」と言い、廃炉や電力の技術的細部に責任をもたない言説はだめだと断言する。これには宮崎駿がいち早くとった「反核・脱原発」の姿勢にアイロニカルに呼応している面もある（ここに単なるウラ張りだけを見る精神は貧しい）。さらになんと押井は日本の核武装まで支持している！

ここまでくると、言っている意味と意図はわかるものの、筆者と押井の立場は端的に離れる。だが、このことに文句もなければ、不満もない（多くの全共闘世代の論客や思想家、作家の「転向」という視角からこの点を見ることもできるが、これとて必ずしも否定的な意味でだけいうのではない）。私にも似たようなあまのじゃく体質があるので、こうした押井の発言とはもう少し丁寧に付き合っていきたい。いずれにしても、「いまここ」に戦争を見いだすという点では依然として文句はないのだ。

こうした問題意識から、本書では十年単位のせせこましい世代や年代の区切りとは縁を切るために「大戦間期（一九一九―三九年）」という時代設定に光を当てている。毒ガスや戦車、戦闘機、塹壕戦、総力戦の第一次世界大戦（一九一四―一六年）、続くワイマール共和国の文化的爛熟とファシズムの芽吹き、そして第二次世界大戦（一九三九―四五年）の惨禍とファシズムの暴挙。このサイクルがいまの時代とフィクションの構えにも相当程度対応してしまうという現実をしっかり見ておきたい。またこの期間に考えられ、生きられる文化の身ぶりの癖のようなものにも注意したい。押井は明らかに二十一世紀の「大戦間期」を意識し、これを描いてきたのである。本当に次の戦争がきては困るので、本書としてはあくまで押井の作品を「戦争」に抗う――単純な非戦や平和への望みではなく、戦争を回避するための「戦争状態」を自覚的に組織すること?――ための手段＝資源にするということである。

かつて宮崎は『紅の豚』の主人公であり、魔法で自らを豚に変身させたポルコ・ロッソにこう言わせた。「ファシストになるくらいなら、豚になったほうがましだ」と。しかし、いまや、むしろ管理されることを望む家畜的人間が大多数を占めている。押井にはこう言わせるべきだろう。「豚もファシストになる時代なら、犬と狼の間で迷っていよう」と。

なぜ犬と狼なのか。飼い慣らされた家畜としての犬に比べて、自分の力で生きていける獣としての狼といって単純に後者を持ち上げているのではない。あくまでも問題は「間」にある。

この言葉は同性愛者で泥棒をなりわいとする作家、ブラックパンサーの黒人やパレスチナ難民についての美しくも過激なドキュメントを書いた小説家、ジャン・ジュネの遺作『恋する虜』[2]（一九八六年）から引いている。

〈犬と狼の間〉という表現は、ある一定の時刻と、それとはまったく別のことを表していた。灰色、灰色の歌というのもあったが、それは眠気や周期的なものや永遠のものにも劣らぬ抗いがたい力で夜が近づいてくる時刻、町では街灯が灯り、子供たちが遊びたい一心で、続かせよう、あるいは長びかせようとしながらも、その目が突然生きいきと輝いたかと思うとあっという間にふさがってしまう時刻、いかなる存在もおのれの影に、したがって自分とは別のものになってしまう時刻、ここで場所の副詞を用いるのは、この時刻が時間以上に或る空間を指しているからだ、犬を狼からほとんど区別できなくなる時刻、変身の時刻、そのとき犬が狼になることを、人々が期待しつつも恐れる時刻、いわば遠くから、少なくとも初期中世から、原野で狼が犬に取って変わりつつあった時代から立ち戻ってくる時刻[3]

これをどのような文脈でジュネが書いたかといえば、パレスチナの戦士（フェダイーン）がシーア派の神秘主義に転身したり、支配的なムスリム同胞団という同じアラブの勢力に変貌したり、あるいは逆にこれらから包囲されたりといった軋轢や「内ゲバ（内部ゲバルト）」のことを念頭に置きながらのことだった。言葉の錬金術師がリアルな抗争のなかで決して自分の立場を中立や宙づりにすることなしに書きつけた、それはぎりぎりの言葉だった。

押井はこのような時刻、「間」を自らの映像のなかで立ち上げている。犬と狼の間を絶え間なく見えるようにする努力を続ける。ここで人間はきちんとした位置に自信をもって立つことはない。人間は自分がそうあると思っているところにはいない。まるで石ころのように歴史と状況のなかを転がっているのが人間であり、面倒なことにこの石ころは「感じること」「喜ぶこと」「笑うこと」ができる奇妙な物体なのだ。人間がそこにいるのに、石ころが、あるいは犬と狼の間しかないような時刻を映像化することを目指す。本書ではここに押井の映像の意味を探っている。

人間がいない風景を描く。人間がモノにされてしまう戦争を描く（これはもはや戦争に限った話ではない。あるいは吉本隆明がかつて述べたように戦争が日常に浮上してきたのだ）。ある時期から、これは映画監督としての押井の見果てぬ夢になっている。プレデターのようなドローン（無人機）が現実に地球の上を飛び回っている今日の状況は、まるで押井の夢想を現実化したかに見える。といって、彼はこの現実を肯定しているのではない。むしろ、このような現実が、軍事オタクやアニメファンの語りや想像力と横断的な関係をもっているという点を様々な形で徹底して映像化／言語化する姿勢を彼は崩していない。

戦争は妄想である。押井は『戦争のリアル』という対談本でそう言っている。おそらく少数の特権者たちによる稀有壮大な妄想が大規模に広がった現象なのだ。あるいは戦争はつねに現実と妄想の中間にある。ならば軍事オタクの立場を引き受けながら、積極的に妄想のかたまりになることによって妄想に引きずられて負けないように考え、表現することを目指すこと。アニメの『宇宙戦艦ヤマト』に引かれて萌える感性と、ナチやファシズムを突き動かす欲望は横断し合っていて、現実の戦争や暴力はこの妄想と欲望を基盤にして起こってきた。戦車や空母、ハリアー（フランスの垂直離着陸戦闘機）を熱っぽく見つめて語る自分を、押井はそのような思考に導くのである。

この妄想ファシズムは人類の有史からずっと続いてきたものなのか。区切りはどこにあるのか。もちろん、断絶は一九六八年にも八九年にも特定できない。ましてや二〇一一年でもない。なるほど「アウシュヴィッツ以後、詩を書くことは野蛮である」[4]というテオドール・アドルノの発言にはいろいろな意味と含みがある。「フクシマ以後（カタカナで書くのは世界性に鑑みてのことで、それ以上の意味はない）、戦いや都市の崩壊を描くアクションやファンタジーを描くことは倫理的に許されない」という考えがあるとすれば、押井はこの見方に抗おうとする。「いまこそ絵空事やファンタジーを紡ぐべき」と言いながら、しかも表現者だからこそ「被災地に行かない」という選択肢をとる。

まさにこの戦争＝妄想説を明確にするためにこそ、押井は映画作りの現場で戦争の比喩を用いる。ひんしゅくを買ってでも「予備戦力」や「補給・兵站」の比喩を日常の仕事のなかで使う。そもそもフットボールや野球に「名将」という言葉をあてて使うように、日常の生活世界の全体にこうした比喩は広がっている。そこにはどんな意味があるのか。このことを明らかにするためにも戦争が出てくる映像を作り、「偽史」に関心を寄せ、映画的に細部を見るような歴史の記述を擬態する。勝ち負けについては戦争からフットボールの監督の品定めにいたるまで、彼はこだわってみせる。

では勝つとはどういうことか。負けないことである。あるいは負けに追い込まれないように撤退しながらでも生き延びることだ。理想のために死ぬ革命家の夢を押井は否定する。生き延びることが肝要だ。押井が言っている「勝つ」とはネオリベ（ネオリベラリズム）時代の競争や不平等のなかのサバイバルを指しているのではない。彼にとって勝つということは、誰もいないフィールドを作り出すことにほかならない。領土（なわばり）を占領して大きくなるのとは違う。

にもかかわらず、再三にわたって彼は強調する。「日本人は戦争に疎外されている」と。自らが引き起こした戦争を忘れ、いまも戦争と同じ構図が繰り返されて、また新たな火種を日々準備していることを忘れる。アニメも映画も、戦争絡みのフィクションだらけであるにもかかわらず、戦争のリアリティーからは遠ざかっている。

では、何が戦争のリアルか。

イラク戦争（二〇〇三―一一年）のさいのニュース映像から、自衛隊がもつ小銃の暗視スコープの存在をどのように許可したのかを問い、長距離移動できないはずの戦車群が砂漠を進む映像に疑問を呈し、積極的戦闘や有事に加担しない「給油」などありえないことを強調し、サッダーム・フセインを取り巻く警護隊を「幻」（妄想）の産物ではないかと疑う。こうした視線で彼の映画は、アニメは作られているのである。

戦争のリアル、それは勝つ予感である。銃でも戦闘機でも勝ちそうなデザインのものが実際にすぐれている。小学校時代から筆者が敬愛してきた航空機評論家の佐貫亦男の「かっこいい飛行機はすぐれている」という設計論に押井も感服しているのを知ったことは興味深かった。この視角から、いまあえて、いまだからこそ、彼は戦争や兵器を描く。しかし、根元的な意味で勝つことは敵を負かす、殲滅することではなく、生き残ることではないか。そこにもう一つの戦争のリアルがある。

戦争のリアル、これは映画についてもいえる。

大ヒット作を作ったことがない押井は、「百万人に見てもらうよりも、一万人が百回見たくなる映画を作りたい」と言ってみせる。負け惜しみではなく、心底、そう言うのだ。これがハリウッド的、あるいはネオリベラル的な競争至上主義の「勝つ」とは異なる意味の「勝利」を目指す内実である。「勝つ」ことの内実はこうして日常に送り返される。映画という表現を成立させ、可能にする場を持続可能に作り出すこと。これが押井にとっての映画であり、そうであるがためにこれは戦争と同じ構造をもつ。比喩やレトリックでそう言うのではない。したがって、押井は「映画監督に天才はいない」ということを「別の勝利」の条件と見なす。他人と仕事をする、誰かに任せる、コラボレーションを受け入れる、これらが別の仕方で「勝つ」状況を作り出すはずなのだ。

最近の押井のなかには中年以後の自己、オヤジ性をもつ自己と、そこから逸脱、逃走する押井自身がいる。空手をやり、身体を鍛え、外国人参政権に反対し、それればかりか原発も核武装も肯定する押井を見て、人は一九六八年世代の「転向」というだろうか。そう単純な話ではない。「勝つ」ことの意味をこれまで述べてきたように変換して考えると、イデオロギー的「転向」に見えかねない言い方や主張のなかに、考えること、あるいは見ることの「転回」がひそかに起こっている消息が見えてくる。このあたりも本書で浮き彫りにしたかった点の一つにほかならない。

あることとないことを形にするのが映画であり、アニメである。「あること」（存在）と「ないこと」（無）、あるいは現実と虚構が互いに入れ替え可能になる事態は、絵空事のなかだけでなく、この生きている状況そのものであることを示すのも、おそらく押井にとっての映画であり、アニメである。しょせんは駄菓子にすぎない表現だからこそ、このぎりぎりの「犬と狼の間」にも似た時刻・場に近づいていける。

すぐれた多くの哲学は、時間を一種の「夢」のようなものと考えてきた。あるいはこの「夢」でしかないものがどのようにリアルと受け取られ、生きられるかの機制を論じてきた。すべてが虚言で、あるいは幻想であるなら、人間は統一した全体もアイデンティティももたない。ただこの虚構や物語を本能のように受け取り、思考は単なる夢になる。にもかかわらず、すべての表現や虚構、思考もまた物質によって担われる。フィルムや紙や空気の振動を通して、物質に夢が仮託される。ここにある原初的なアニメーション、アニミズムにも似た「あること」と「ないこと」の互いのとりつき（憑依）の関係を繰り返し物質に戻してやること、押井の映画＝アニメはただこのことだけに取り組んでいる。すると残った解は『天使のたまご』しかなくなるが、そこに押井は戦争などのファクターを加えて表現している。あるいは戦争がそのような「間」の事態であることを示すのである。

神も王も殺したことがないこの社会で、この「間」を生き、物質化することはなかなか難しい。作家や表現者は作品を作る前にその理想を、少なくとも概念を知ったうえで作品を構想しなければならない。「作品は構想のデスマスクである」というウォルター・ベンヤミンの言[5]はそう読まなければならない。せめて何度も自分を、構想を殺しながら、それでも生きていかなければならない。

最近の押井は未来の世代に、子どもたちにもこのことを望んでいるように見える。『イノセンス』も『スカイ・クロラ』もそうだ。殺すことができなかった父（神でも王でもいい）、絶えずよみがえらなければならない子どもたちに向けて、他人によって生きられた人生や物語をつねにあててやり、このことの困難を描き続ける。そうして日常を生きていく術を互いに学び逸れていく。そんな協働作業の場を、仮に彼は映画やアニメと呼んでいる。

最後に本書の構成について述べておく。

第1章は『スカイ・クロラ』の公開を機縁に、かつて拙著『紅のメタルスーツ』[6]の最終章に書いたエッセーに大幅に加筆した。押井のアニメーション映像にふれるときにふまえておくべき確認点であり、地図のように使用してもらいたい。押井がどんな作品を撮っても、このあとの日本が戦争に乗り出そうが、どのように滅びようが、この基本線はさほど大きく変わらないだろう（「だから遅すぎたと言っているんだ！」）。

第2章は押井の映像を言語／宗教哲学の井筒俊彦の理論と対応させながら論じている。もとより東洋の哲学を欧米の思想や文学と並べて引用に駆使する押井のこと、ただのペダントリーでも映像の構造論的マーカーでもない次元で、マジック（魔術＝呪術）としての映画のなかにちりばめられた記号や符牒、概念を読むことが試みられるべきと考えた。井筒哲学の「言語アラヤ識」や「神話創成《ミュトポイオス》」などいくつかの概念は、押井の映像と照らし合わせることによって、より明確に理解できる。

第3章は動物の形象と政治権力の関係、および精神分析での無意識と動物などの諸問題を論じている。何よりも「犬」に対する押井のこだわりと、「犬のような人間」という文学や映画では繰り返し扱われてきた主題や形象をここでもう一度分析している。

第4章は押井の近年の未完のプロジェクト、「Pax Japonica」や「東京要塞化計画」を単なるオタクの妄想としては読まない方向を探っている。まずメタルスーツや強化服に向かう欲望をドイツの思想家テーヴェライトの仕事を通して検討し、同時に日本の戦後文学（三島由紀夫や埴谷雄高など）との相互テクスト関係に光を当てている。そのうえで戦争をしないための兵站、戦争をさせないための闘いの困難を、一見すると「架空戦記」や「疑似歴史」ジャンルと受け取られかねない押井の新しいプロジェクトに読み取ろうとしている。

第5章は角度を変えて、大戦間期にヘルマン・ヘッセが発表した小説『荒野のおおかみ』[7]（一九二七年）をプリズムに押井の作品や言葉、生き方について考えている。奇異に映るかもしれないが、「大戦間期」という戦争の間の時代の批評的な精神や身ぶり、および特権的な女性像を消失点とする世界設定、『荒野のおおかみ』になぞらえられる、表現する独身者の系譜や複数の感覚にはたらきかける機械の劇場……といった押井と重なるトピックを掘り抜いてみた。ポストモダンを経由したアニメと、むしろモダンの文学や思想が切り結ぶ点はさしあたり示せたのではないかと思う。

注

（1）ダナ・ハラウェイ『伴侶種宣言——犬と人との重要な他者性』永野文香訳、以文社、二〇一三年（Donna Haraway, *The Companion Species Manifesto: Dogs, People, and Significant Otherness*, Prickly Paradigm Press, 2003.）

（2）ジャン・ジュネ『恋する虜——パレスチナへの旅』鵜飼哲／海老坂武訳、人文書院、一九九四年

（3）同書

（4）テオドール・W・アドルノ「文化批判と社会」『プリズメン』渡辺祐邦／三原弟平訳（ちくま学芸文庫）、筑摩書房、一九九六年

（5）ヴァルター・ベンヤミン「一方通行路」『記憶への旅』浅井健二郎編訳、久保哲司訳（「ベンヤミン・コレクション」第三巻、ちくま学芸文庫）、筑摩書房、一九九七年

（6）上野俊哉『紅のメタルスーツ——アニメという戦場』紀伊國屋書店、一九九八年

（7）ヘルマン・ヘッセ『荒野のおおかみ』高橋健二訳（新潮文庫）、新潮社、一九七一年

第1章

アニメとしての映画、映画としてのアニメ
——「作家」も「ジャンル」も投げ捨てろ

1　世界を絵コンテとして見る

押井守の絵コンテを初めて見たのは、たしか『機動警察パトレイバー2 the Movie』のときだったと思う。映画のコンテ（story board）をたくさん見たことがあるわけではないから詳しくはわからないが、それがコンテとしてはかなり微細に描かれたものであることは明らかだった。そのままコマとして動かせば、それだけで一個のアニメーションとして成立してしまうように見えた。のちにこのコンテは『機動警察パトレイバー』の二枚目のCD－ROMに収められ、実際に連続して動かして見ることができるようになったから、基本的には誰もが気軽にこの感覚を味わうことができる。

押井はつねにこの世界をその絵コンテのように見ているのではないかと、このときに考えた。それは現実をはじめからアニメのように見てしまう視線といえるだろう。押井にとってアニメは必ずしも現実の反映や写し（コピー）ではない。それ自体が一個の独立した現実であり、彼にとっては世界の現実そのものがアニメとして構造化・図式化されている。これは押井の映画を見るための根本的な原則にほかならない。このことを複数の視角から検討してみたい。

一般に芸術や表現で際立った仕事をした人間は、必ずその表現を通して特定の世界を創造し、「創案」している。印象派の画家は世界を光と画素の集積として翻訳し、ハードボイルド小説の作家は現実を客観的事実と行為の重なりとして創案する。そして、映画作家は世界を、それがあたかもはじめから「映画」として生成しているかのように（再）形式化してみせる。

よく使われる生物学（ユクスキュルによる学説）[1]の例で考えてみてもいい。つまり、ダニにはダニによって知覚された世界があり、イルカにはイルカによって知覚される世界がある。それぞれの世界はそれぞれの知覚の形式によって構造化されている。個々の生物が独自の「環世界（Umwelt）」をもつように、それぞれの表現ジャンルは、コミュニケーション上の、あるいは情報論的な生態系、環境世界に巻き込まれている。同じような意味で、様々な文化表現はそれに固有の視角によって形式化されている。すぐれた表現とはこの形式や構造をそのつど特異化（唯一化）することにほかならない。むろん、これは当の形式や構造を解体したり、変形したりする過程も含んでいる。

では、現実をはじめからアニメとして見ている作家の存在は不思議なことだろうか？

この世界の現実のすべてをアニメとして構成し、描き切ろうとする試みは必ずしも珍しくはない。どんなモノも人間もアニメ（の絵）に翻訳することは可能だし、すべてのアニメ作品は現にそうしようとしているはずだ。それがデフォルメによって極度に虚構化されているにせよ、わりあい写実的に（現実を模写して）描かれているにせよ、現実をアニメとして見つめ、それに従って世界を再構成しようとすることなら、ごくありふれた作業にすぎない。問題はアニメ絵の繊細さや精度に関わることでしかないからである。

知られるように、アニメーションの原義は賦活化＝活性化（生を与えること）にある。つまり、生きてはいない物質やモノに生命を吹き込むことを意味している。むろん、ここでアニメーションは、ありとあらゆるものに魂（アニマ）を見いだすアニミズムと交差するのだが、同時にこの言葉は「生命を吹き込む」行為者、神のような大文字の主体を想定しかねない。したがって、歴史的にそれはきわめて西欧的かつキリスト教的な意味を強くもってきた。西欧で人形＝パペットや粘土、モノを使ったアニメが伝統的に多い理由はここにある。通常のセル画を使ったアニメが比較的プリミティブであるのはこのためだろう。

これに対して日本でのアニメの技術や描写は異常なまでに高度である（日本のアニメーションは「二次的なアニミズム」の側面が強い）。キャラクターの髪の毛の色が金色や緑色だったり、目や口の大きさが誇張されたりする、といった側面を除けば、それは現実を過剰にシミュレートしている（このことは特に水や光の反射や、乗り物やメカニズムの細部の描写に顕著である）。現実の単なる複製を目指すのではなく、参照系＝指示対象（レフェランス）をもたない何か、すなわち「現実よりも現実らしい」ハイパーリアリティーに向かっているのである。仮にそれがハリウッドのようにＳＦＸ（special effects〔特殊撮影〕）に巨額の予算が使えないために生み出された成果であるにしても、この側面を無視することはできない。

だが、押井が世界をアニメとして見ているとは、そうした意味ではない。まず押井は映画や表現以前の、つまりは映され、描かれる一次的参照系としての現実を認めない。ほかの多くの映画作家にとってそうであるように、押井にとって現実はつねにすでに「映画」であり、また「イメージ」の運動そのものである。そして「イメージ」の運動として現実を把握することは、同時に映画＝現実をもはじめからアニメとして見つめ、アニメとして組織することである。

2　安易な映画的引用を拒否

一方で押井はアニメに現実の映画の運動を多く持ち込んでいる。言い換えれば、押井のアニメ映像には「バーチャル」なカメラが作動していて、これが切り返しやロングショットなど現実のカメラの機能を実行している。しかもそこでは用途別にレンズを使い分けることまでおこなわれていて、場合によってはレンズによって生じる光学的な歪みの効果さえ再現されることがある（この手法は近作でも繰り返されている）。しかし、これは「現実を忠実に再現する」ためになされているのではない。それはアニメもまた、現実についての「もう一つの」可能性であることを端的に示しているにすぎない。

またこのことを、押井が映画好きの一人である事実に還元することはできない。たしかに押井の映画を一つひとつ見ていけば、そこに無数の映画的引用があることは誰の目にも明らかである。ジャン＝リュック・ゴダール、アルフレッド・ヒッチコック、アンドレイ・タルコフスキー……いくらでも「作家」たちの名をあげることができるだろう。しかし、ここに押井の作家としてのアイデンティティを見いだして満足するのは安易にすぎる。なぜなら、それでは押井を「好きなように映画を撮らせてもらえないので、アニメで作家主義をやっている作家」と見なしてしまうことになるからだ。

他方で決定的に重要なことは、押井が実写作品で取り組んでいることのなかにある。そもそも「実写」という言い方で押井のアニメ以外の作品を呼ばなければならないこと自体皮肉なことである（ここには明らかにアニメに対する差別と偏見が潜んでいる）。ところが、押井自身はアニメと実写という二分法をもはやもっていない。アニメで普通の映画の技法が縦横に使われているように、いわゆる「実写」の作品、つまりは映画そのものが実は彼にとってアニメーションだからだ。

誰が見てもわかるように、押井はその映画表現でほとんどたった一つの主題しかもっていない（すぐれた哲学者がごくわずかの問題しかもっていないように）。そしてそれは「実写」だろうとなかろうと、「アニメ的なもの」によってしか表現されない何ものかなのである。それを映像と物語の構造の「標識」として取り出すことはたやすい。「犬」「ヘリコプター」「鳥」「夢と現実」「鏡」……といった要素を見落とす者はいないだろう。こうした主題の同一性・一貫性が押井での「映画＝アニメ」という構えの根拠なのではない。ことはもっと唯物論的な、あるいは少なくともより身体的な次元に関わっている。

千葉繁は押井の映画で特権的な役者である。それは監督としての押井独自の方法論に由来する。押井は千葉の肉体とキャラクターを実写でほとんどアニメのキャラクターのように扱っている。何もコスプレまがいのまねをさせているわけではない。千葉の身ぶり、服装、話し方……それらすべてを極端に虚構化しながら同時にそこらにいる人間と同じ現実感を彼に付与している。千葉に限らず、押井の映画で役者は、極度に演劇的な演出と演技のなかで逆に日常的なリアリティーを保持することを徹底的に要求されている。『御先祖様万々歳！』の四方田犬丸やほかのキャラクターたちの場合は逆にほとんどブレヒト的といってもいい身ぶり――ぎくしゃくとした中断＝停止のリズムと「異化効果」（見慣れたものを見慣れないものにする）――によって、二次元のなかに身体性が構成されている。

ある意味で、この姿勢は「演劇のなかにある攻撃的要素であるアトラクション」を映画に持ち込む、あるいは「アトラクションを分子的に複合してモンタージュすること」を提起したセルゲイ・エイゼンシュテイン（「アトラクションのモンタージュ」〔一九二三年〕）[2]の立場を、より根元的＝過激に推し進めたものということができるだろう。

この方法では役者もキャラクターも徹底して恣意的な存在でしかありえない。俳優の身体は押井の作品では「自動人形＝オートマトン」でしかない。なんのことはない、「人形遣い」とは押井自身のことでもあったのだ。身体をアニメ化する一方で、逆にアニメのなかのキャラクターを「身体化」する試みも同時におこなわれている。押井自身による脚本はもとより、「押井組」常連の脚本家・伊藤和典による過去の作品で目立った長ゼリフは、近作『スカイ・クロラ』でも控えめではあるが用いられている。つまり、モノローグを多用し、観念的あるいは寓話的な言葉、また事務的でそっけないなかに細かなニュアンスをたくしこんだ言葉が使われている。キャラクターの身体性が徹底して虚構化され、恣意的なものとされる一方で、そのセリフ回しのほうは明らかに微妙にリアリティーをもたせるように演出されている。

ほかのアニメ作品と押井のそれを見分ける大きなポイントが、実はこの声の演出のなかにある。微妙なブレス（息継ぎ）をセリフのなかに入れることであの独特のリズムが生まれている。それによって絵（アニメ）のほうはまさに「息を吹き込まれ」「身体化」されるのだが、声優の声のほうはすでに虚構化、アニメ化されている（千葉が演じる『うる星やつら』のメガネの場合を考えよ。彼だけがこの二重の手続きを経験している）。

　メディア（複製技術）としての映画（同様に写真）は、それを撮る者、見る者に「視覚的無意識」の消息を伝える。つまり、たしかに見ているはずなのに意識していなかった視覚を浮き彫りにする。しかし、演出家が脚本にもとづいて絵コンテをゼロから作品全体にいたるまで立ち上げなければ映像が成立しないアニメには、従来この「視覚的無意識」は存在しなかった。しかし、３Ｄ、とりわけモーションキャプチャーの技術は、現実の役者や生き物にセンサーを取り付けて動きを捕捉《トレース》することができるので、絵コンテのなかの知覚にも「見ていて見ていなかった」ものや動きが入り込む。アニメは２Ｄと３Ｄの間で再誕し、（視覚的）無意識に出会うことになった。アニメは「恣意的」な記号性で無意識を反復する。

　ひるがえって、キャラクターが目玉ぐりぐりのアニメ絵だろうが、劇画調の絵柄だろうが、実際の俳優によって演じられようが、ここでは一切が映像としては等価である。この横断的な映像の運動を「アニメ的なもの」として把握するべきである。それ以外の視点からアニメの「ジャンル」としての位置を語ることは反動的である。なぜなら、アニメの表現や絵のパターンを固定化し、これをジャンルとして確立してしまえば、まず「映画そのものがつねにすでにアニメでありうる」という視点を失うことになるし、押井のいわゆる「実写」作品がはらんでいる「アニメ的なもの」をつかむことはできなくなる。いわゆるアニメ絵を援用しないことは、必ずしもジャンルとしてのアニメを尊重しないことではない。

　その意味で、『御先祖様万々歳！』や『うる星やつら2 ビューティフル・ドリーマー』の不条理アニメ路線と、『機動警察パトレイバー1 the Movie』『機動警察パトレイバー2 the Movie』や『GHOST IN THE SHELL 攻殻機動隊』以降のややリアルな路線とをあえて切断し、後者が「アニメ的なもの」から撤退している、とする解釈ははなはだしい誤解にすぎない。そうした皮相な批評は、押井守が映画とアニメの間に組織した運動に出会う機会を自分から放棄している。

実際、『Talking Head』でも四方田犬彦の映画論を援用しながら、「映画のはじまりは魔術であった」という認識は「映画は全てアニメであった」という潜在的なテーゼに練り上げられていく。押井の作品で一貫して物語批判とメタフィクションのスタイルが追求されているのは、それが単に主題系として選ばれているからではない。現実と虚構、現実と夢の対立自体が、現実と映像、映像とアニメという対立と錯合の運動に重ねられているからである。

このように考えてはじめて、押井がある一つの同じ構造を幾重にも変奏していることの理由が見えてくる。同じ構造はしかし、そのつど違った仕方で反復されている。タイムパラドックスが生じることも、夢の時空から出られなくなることも、同じ幻が何度も繰り返されることも、すべては「映画」の運動の永遠回帰のなかに送り込まれる。ただし不届ききわまりないことに、押井はこの運動の秘密が、先に見たような「アニメ的なもの」にあると考えている(実はこれはメディア論的かつ歴史的にも正しい可能性がある。そのとき批評の枠組みとしての「作家主義」が抱える諸問題は深刻だろう)。

この永遠回帰そのものがナラティブ(物語)にまで持ち込まれているのが、『スカイ・クロラ』の場合だろう。いくたびか同じ恋愛、同じ戦争(戦闘)を繰り返しているにもかかわらず、このことについておぼろげな記憶と感覚しかもたないキルドレたちの生を考えればすぐにわかる。キルドレのパイロットたちの集中力や反射神経と、おぼろげな記憶の混乱は、そのどちらも「気散じ」(くつろいだ集中?)という、まさに映画というメディア・表現に固有の受容の形に対応している。なぜか。

映画(映像)に集中することは絵画や彫刻の場合のように自らを作品に沈潜させるのではなく、逆に作品や表現そのものを自分のなかに沈潜させる。表現の形式が観客/受け手にとって触覚的な環世界となる点に、映画という技術、さらにはアニメというメディアの「気散じ」の受容がある。同じように空中戦での操縦は、様々な事象や動きに同時にすばやく対応すべく、つねに集中力をあちこちに散らすような、奇妙な「意識の流れ」を必要とする。映画の観客とパイロット、アニメの受け手とキルドレの間には無視できない類似と横断性があることになる。映画を見る者は海のなかにあるようだ、と述べたのはヴァルター・ベンヤミンだったけれど、アニメの受け手は空のなかを漂うといってもいい。空での出来事にCG（コンピューター・グラフィックス）を駆使し3D表現を多用していたことには必然性がある。『イノセンス』でも見られた2Dのセル画と3Dアニメの微妙な齟齬、技術的にはもっと違和感なく併用することができる二つの異なる技術によるズレには、映像のリズムを生むはたらきが隠されている。

さらに『スカイ・クロラ』では出来事やコミュニケーション（対話）自体が、「同じものとして回帰する」。しかし、この永遠回帰は単純に同じことの繰り返しではない。つねに「変わりゆく同じもの」がある。あるいは「同じもののなかにいつも異なり／こと成りが生まれる」というべきか。つまり、永遠回帰には、同一性も類似も等しきものもない。永遠回帰は、反復のなかにそのつどはたらいている一回性、差異（違いやズレ）のことであって、同じものの羅列ではない。同じことが繰り返されるのに、そのつど特異で一回的に生きられる草薙水素《すいと》とキルドレたちの生がある。いや、すでに草薙素子と「人形遣い」の出会いもまたそうである（この反復は、押井の「弟子」たちによって『攻殻機動隊 STAND ALONE COMPLEX』〔以下、『S.A.C.』と略記〕では素子とクゼ、傀儡回しの関係に、また押井自身によって球体関節アンドロイドに憑依＝転移した素子＝人形遣いの形をとって表れる）。

この意味では、押井のアニメを見ることは「永遠回帰」に向かうためのレッスンなのである。

3　押井守が提示している〝謎の構造〟

彼の映画ですべての主人公は反抗と抵抗の身ぶりを忘れたふりをしながら、同時に維持している。しかし、抵抗の前提にあるものはある秩序と構造に徹底して屈従することである。押井守がすべての映画史的記憶に対して「犬」の位置でうろつき回っていることは明白である。「犬」が地面を水平にさまよい、決して世界を超越することがありえないように、映画作家は映画の記憶と制度に埋め込まれ、内在し、決してこれを俯瞰的に全体化することはありえない。映画の約束、秩序、制度……撮影、脚本、編集、製作、音声などすべてのシステムの原理を過剰に突き詰めていくことは、いわゆる「映画作りを撮る映画」のなかでいやというほど試されてきたが、押井はアニメという現実と映画の中間領域を使っていま一度すべての前提を疑ってみせる。

この「現実」は蝶の夢ではないか、と問うことは当たり前すぎる。蝶の夢なのか人の夢なのか判然としなくても人は生きざるをえない。問題は誰がどのようにこの問いを提示していて、誰がどのようにこれに向かうかである。この点で押井の映画の態度は単純である。謎に答えることはない、押井は謎の構造を提示しているだけである。

『スカイ・クロラ』では、単に夢と現実、虚構と現実の堂々めぐり、メビウスの帯のような反転が描かれるだけでなく、これまでになくはっきりと「この可逆性、反転に耐え続ける」ことが主張されている。すべてが終わって、「もはやない」が繰り返されていても持続する時間はあって、「いまだない」がそのズレとともに介入してくる。タイトルバックのあと（祭り／宴のあと）の草薙水素のほほ笑みには、ロマンチックラヴ（かけがえのない愛と出会い）を否定したあとの、未聞のロマンチズムがある。

「祭りの前日（アンテ・フェストゥム）」という時間のあのうきうきした雰囲気は、したがって必ずしもロマンチックなものではない。なぜなら、祭りの結果と成果（謎の答え）はまったくわからないまま、やるべきこと（謎の追求）を片づけていく時間が続くからである。

この企てはときとしてヒロイックなものとして提示されてしまう。そのことに照れているかのように押井の映画でたくさんのナンセンスやユーモアが援用されている。その一方で、「紅い少女」「お客さん」「夢のなかの少女（ラム［『うる星やつら』］）」「唐密《タンミー》（『ケルベロス 地獄の番犬』）」……といった具合に、夢と現実の蝶つがいの位置にいつも「女」や「少女」が置かれていることは構造的な安定を彼の映画に与えてきたものの、不用意にロマンチズムをかき立ててきた側面がないではない（個人的にはその線は嫌いではないのだが）。

『GHOST IN THE SHELL 攻殻機動隊』ではほとんど初めて主人公を女性にしたこと、「人形遣い」のジェンダーを仮に男としたことによって、この弱点への一定の解決をはかったに見えたが、ラストにはしっかり幼童のサイボーグが待っていたのだった（この「子どもの系譜」のなかに球体関節人形やキルドレを位置づけることができる。さらにデジタルリマスター版では今度は「人形遣い」の声は女のものになっている。このジェンダーの交代は面白いし、別のセクシュアリティーをも喚起する）。

同様に、絶対に見落とすべきでないのが鏡と分身の主題にほかならない。登場人物たちは意図的に、あるいはそれと知らずに自らの分身と対峙する。空っぽのプロテクトギアに撃たれる都々目紅一も、鏡の廊下に慌てるあたるも、水のなかの自分に重なるたまごをもった少女も、狂った映画監督である自身に対面する流れの演出屋も、誰もが知らぬ間に自分の分身に出会い、これと争っている。このことを映画監督としての押井守のパラノイアとするのは容易だが、その場合、われわれ自身が出会っている鏡と分身の存在は見逃されてしまうだろう。この鏡を割るよりも、その成り立ちを追いかけることのほうがずっと困難でまた楽しくもある。

おそらくは、これらすべてが「きたるべき／未完の戦争アニメ映画」に向けた準備作業であるにせよ、押井守の映画／アニメを見ることはどのみちそうした行為そのものなのだ。

注

（1）ユクスキュル／クリサート『生物から見た世界』日高敏隆／羽田節子訳（岩波文庫）、岩波書店、二〇〇五年

（2）エイゼンシュテイン「アトラクションのモンタージュ」浦雅春訳、岩本憲児編『エイゼンシュテイン解読――論文と作品の一巻全集』所収、フィルムアート社、一九八六年

第2章

アニメ的オートマトン——息を吹き込まれた自動機械／人形としてのアニメ

1 問題設定

映画はかつて魔術であった。ある時期まで押井守は、この四方田犬彦の仮説に沿ってアニメの映画を作っていた。あるアニメ／映画監督の狂気と、メタ映画論、批評を展開した『Talking Head』にはその傾向が顕著である。押井がそこで繰り広げた数々の試みは押井の実写作品でも援用されている。第1章でも述べたが、実写映画という言葉の奇妙さと奇怪さはアニメ映画というジャンルや概念との参照関係のうちにしかない。しかし、『アバター』のようなSF作品にとどまらず、ハリウッド映画ではいまや日常的なドラマにまでCG映像が駆使され、絵としての映画＝アニメと動く写真＝映画の違いは大きく揺らぎ始めている。

本質的な思想家や哲学者はたった一つの問いしかもたない。同じことは映画監督についてもいえる。本質的な映画作家はたった一つの主題しかもっていない。仮に方法や手法が複数的だったとしても依然としていえることである。

誰もがすぐに了解しうるように、押井は「夢と現実」「虚構と現実」「偽の時間と物理的時間」……といった同じ一つの主題を系列にするように映画を作り続けてきた。アニメは画面の外部に指示対象や不可視の周囲をもっていない。この条件によって押井にとってアニメは一連の系列の二項対立を問うのに適している。いわゆる夢オチ（物語上の出来事のすべては夢だった）という紋切りからひどく遠いところで、映画で真摯にこのことを問おうとすれば、映画がそもそも一種の魔術だったことに注意しなければならない。

押井が好んで引用するプロットに荘子の「胡蝶の夢」がある。その理由には、単にフィクションと現実の安定した区分を崩し、これを可逆的にする、という以上の思考が潜んでいる。本章では主としてこのことを検討する。押井を取り上げるのは、単に筆者が最も細かく見ているアニメの監督だからであって、彼を後続世代や先駆者と比較して優位に置いたり、ナンバーワンのアニメ作家として称揚したりするためではない。彼がつねに提起している「たった一つの問い」が――これもまた方法と手法では無限に分岐する――どこかで私の思考にも共有されているからかもしれない。少し先取りしていえば、アニメ／映画はそのように見る者に思考させる、あるダイナミックな思考の装置なのである。

いや、もっと積極的に極端に述べてもいい。私は（押井の）映画を批評したことがない。やったことがあるのは、そしてここで試みようとしているのも、ただ単に（押井の）映画を見ることによって思考を刺激され、それによって何か別の思想や理論がよりよく理解できるようになったり、彼の映画の細部から何か概念のようなものを練り上げたりすることでしかない。そこに逆説的に映画批評の面白さや意味、未知の可能性が宿る。

言い換えれば、リミテッド・イメージ（限界づけられた／有限な動く画像）によって思考を無限に活性化する過程そのものを言語化していくと、それは通常のアニメ批評や映画研究、メディア研究、文化研究とは異質な言葉を紡ぐことになる。奇をてらってのことではなく、押井の映像とその組織化（映像と集団の双方の意味で）に付き合い始めると、通常の約束にもとづいた評論や学問の形式《かたち》から逸脱していかざるをえなくなる、そんな面がある。

さて「胡蝶の夢」である。

何も古えの中国の人間だけに生じた疑いではない。現実が夢であるかもしれないという懐疑なら、「コギト・エルゴ・スム（われ思うゆえにわれあり）」を説いた『方法序説』[1]（一六三七年）のルネ・デカルトも抱いていた。

問題は「化身」としての蝶をめぐるこの懐疑と妄想が、つねに視覚的なイメージとして経験されるということである。蝶が人間の夢を見ているのか、あるいは人間が蝶になった夢を見たのか、どちらにしても、それぞれの空想は視覚上の光景、シーンとして生きられる。視覚的・画像的だからこそ、ここでの現実と夢の決定不能性は切迫したものとして受け取られる。誰にでも夢の中身が迫真的すぎて、目覚めた直後に夢かうつつか判然としない瞬間の経験があるだろう。もしくは幼年期の何らかの不定形の記憶について考えてもいい。この思い出が本当にあった出来事か、あるいは映画やドラマで見た事象であるのか決定できなくなる体験は少しも珍しくない。この戸惑い、疑念、感覚の揺らぎは様々なメディア技術によって増進され、変形され、また繰り返される。「胡蝶の夢」以来の「夢と現実」をめぐる問いは、二十世紀に入ってからは映画から様々な電子メディアにいたるまでの技術を介して、むしろ大衆化、あるいは陳腐化している。

しかし、それでもこの逸話にはマジカルな響きが残っている。映画は魔術として初期の作家たちによって創案され、観客である人々には魔法として受け取られた。この四方田／押井の問題設定を少しだけずらしてみる。たとえば、もしマジックを「呪術」と訳したらどうだろう。通常、日本語の「呪術」という用語は未開社会やアルカイックな社会のマジックの訳語として用いられ、魔術や魔法はルネサンスあたりまでの錬金術の系譜、あるいは現代でのファンタジーの表現ジャンルで使用される。荘子の時代のマジカルな逸話を、現代のアニメ／映画で再演する。この試みを押井は何度かおこなってきた。

テーゼ風に言い換えればこうなる。映画は呪術的側面をもっている。この言明はアニメについて考えるさいに、すぐさまもう一つの定義に連なる。もともとアニメ（ーション）には、モノに生命を吹き込む、活性化するという意味が含まれている。ここにはテクノロジーによって実現されるアニミズムという側面がある。はじめ映画は魔術だった。それは同時に——少なくとも押井にとっては——呪術でもあった。むろん、彼は呪術師でも魔術師でもなく、映画のマジックを確信犯的に実現しようとしているだけだ。押井自身の言葉によるなら、彼の使命＝課題は、映像によって自覚的にマジカルな状況を展開し、「映画を発明すること」「映画という事情を成立させる[2]」ことにある。

これを仮説として問うことにはもう一つ理由がある。言語哲学・宗教哲学の巨人である井筒俊彦は荘子の「胡蝶の夢」について、その仕事で何度もふれているからである。

大変に高名な学者だが、若い読者のためには井筒について少し述べておく必要があるだろう。一九一四年に生まれ、慶應義塾大学で西脇順三郎らに師事する。大学では松本信広らと交友があり、パリに留学した松本の影響から、かなり深くマルセル・モースの民族学・社会学を読み込んでいた様子が初期の英語著作『言語と魔術』[3]には濃厚にうかがえる。六〇年代末にはカナダ、モントリオールのマギル大学のイスラム学科で教え、七〇年代後半はテヘランのイラン王立アカデミーで研究・教育に携わる。この時期に同研究所の図書館司書をしていたピーター・ラムボーン・ウィルソン（のちのアナキスト系メディア思想家ハキム・ベイ）と友情を結ぶ。七九年のイラン革命のおりに日本に戻り、以降それまで英語の著作や論文で発表してきた思考を『意識と本質』[4]や『意味の深みへ』[5]など日本語の作品に結実させる。井筒の禅についての著作『禅仏教の哲学に向けて』[6]の編集者でもあったウィルソン／ベイは、自他ともに認めるSFファンなので、井筒とSFやファンタジーの間にはかすかなつながりがあることになる。押井のアニメ／映画と井筒の宗教／言語哲学を並行して論じるというここでのもくろみにとって、これは勇気づけられる事実である。

禅や密教、華厳哲学、イスラム哲学、スーフィズム（sufism）、ユダヤのカバラ……など、地球上の古今東西の宗教哲学をその言語分節理論によって横断的に渉猟し、跳び回る井筒の思考は、いくつかの点でドゥルーズの哲学、とりわけ思考しえないものを思考に導く試みと交差している。この交差点が押井のアニメ／映画の細部の分析を通して、逆に井筒の哲学・思考を解釈するという、ややトリッキーな視座にきっかけを与えてくれる。ドゥルーズの禅への関心・参照、ドゥルーズとイスラムのシャハーブ・アルディーン・スフラワルディーの哲学との関連、ガタリのスーフィズムなどへの興味のありようについて、近年、欧米の研究者たちが少しずつ言及し始めている動向も本章の立場を理論的に補強してくれる。さらに、この試みの論理整合性を補っておくとすれば、

『新世紀エヴァンゲリオン』の場合のように、日本のアニメ作品にはユダヤ神秘主義をはじめ様々な神話創成的(mythpoeic)な要素が多用されていることがあげられる。

そもそも、押井と井筒のカップリングを通して考えることには理由がある。岩波書店から刊行された叢書『日本映画は生きている』[7]の企画編集に参加していたおり、編集委員のなかから「誰かに文明論的な視角でアニメをとらえてもらえないか」という声があがった。悪名高いハンティントンの『文明の衝突』[8](一九九六年)を思い出すまでもなく、「文明(civilization)」という語は今日、グローバルな経済的・軍事的ヘゲモニー争いの地政学的な配置にひどく親和的なものになってしまっている。しかし、ここで冷静に「文化」をショートタームの視角、「文明」をロングタームのそれとして割り振った場合、アニメを「文化史」的に見るだけではなく、「文明論」的に見つめて読む方向性はありうる。この叢書の第六巻『アニメは越境する』[9]の編集協力者として、こういう論考はたしかに必要と思われた。この課題に応じてくれる執筆者の候補がいなかったため、いっそ自分で試みてみることにした。

さらに別の動機・理由もなくはない。十七、八年ほど前からか、ヨーロッパのメディアの会議や映画祭で日本のアニメについて発表し始めたころ、同席する欧米人やフロアの聴衆から、アニメと「アジアの文化」や「東洋の哲学」「オリエンタルな思考」との関連を聞かれることがままあった。当時は*Japanimation and Techno-Orientalism*[10]という論文を書き上げたばかりで、ついでに文化研究(Cultural Studies)の政治的立場もやや気負って引き受けていたために、こうした質問にはつねに否定的に応じることが多かった。「日本人でアニメ好きな人間だからといって、ネイティブ・インフォーマント(現地の情報提供者)にはならない」「日本人の研究者だからといってアジアの本質をすぐさま語ることができるとはいえない」「アジアや東洋という地政学的枠組みに日本のアニメをはめ込んでも、喜ぶのは自民族中心主義者だけだろう」……といったいわばお約束のセリフをあちこちの会議で繰り返していたのだった。

実際、いくつかの研究が明らかにしているように、基本的に日本のマンガ・アニメ、とりわけ手塚治虫による諸作品は欧米の映画や美術（構成主義）に圧倒的な影響を受けている。また戦前からのアニメも、欧米の実験映画、芸術映画、娯楽映画の手法を取り入れ、十五年戦争の時期にはすでにそうした様々な方法を自らのものとしていた（少なくとも、そのように思い込むことができた）。アニメは、一方では徹底して西欧的なモダニズムの産物である。これはアニメ／映画のマジカルな側面を考える場合にも見落とせない半面である。しかし、欧米の形式があまりにも内在化し、また自明化して、もはやその起源は忘却されてしまっているかのようだ。

まず本章の立場として、とりあえず詳細は抜きにして、アニメに「日本的」な独自性はさしあたりないと言い切っておきたい。ゴミのように増えてきた、そしていまも量産され続けている、ほとんど映画的快楽とはほど遠いアニメ作品には、ある種の視線からすると案外日本社会「ならでは」のオリジナリティー（のようなもの）があるのかもしれないが、映画／史にアニメを導入するということでの視角には基本的に関わりがない。だからといって、すぐさまいっておかなければならないが、アニメをハイカルチャーや芸術に格上げし、残りの大部分をがらくた扱いするつもりは毛頭ない。アニメはあくまで「駄菓子」でしかない、という押井の認識を本章は共有する。しかし、このジャンルのなかには映画に衝撃を受けることで自らを生み出し、逆に映画に影響を与える／はたらきかけるタイプのアニメ／映画も存在する。たまたま日本ではそのようなアニメ／映画がいくつか目立った形で作られてきた歴史があるけれど、「日本文化の特質」とやらにアニメが還元されることはない。この視点にいまもぶれはない。

2　アニメでの無分節的なもの

井筒は荘子の道教（Taoism）を大胆にもイスラム神秘主義のスーフィズムと詳細に比較する英文の大著を書いていて、また日本語で書かれた著作の随所でも、ひんぱんにタオイズムをシャーマニズムと比較し、その類似性にもとづいて両者に同一の思考様式を見いだしている。(11) アルカイック（太古的）な時代、宗教の前段階にあるシャーマニズムやタオイズムの思想のなかに井筒は「呪術／魔術的なもの」の層を透かし見る。井筒はシャーマニズムとタオイズムに共通する点として、日常から非日常への移行によって、再び日常を異なる仕方で認知し、生き直すという往復の過程をあげている。言い換えれば、井筒は荘子の「胡蝶の夢」の挿話にも魔術やシャーマニズムに通じる何かを見いだしていたのだった。

　彼は「万物斉同」の概念を英語で説明するさいに、「Transmutation of things」と訳している。この言葉遣いによって彼は、事物、様々なモノが自らを超えて、互いに変容し合い、はたらきかけ合う様子を言い表そうとしている。この考え方は無分節・非差異の状態が潜在的／仮想的なものとして、この現実をつねに裏打ちしていて、モノが互いに浸透し合いながら不定形のカオスとして生成し、存在しているという状態を指している。これはアニメ／映画がもつ可能性、とりわけその表現の現実《リアリティー》のあり方を想定すると、より理解しやすい。実際、荘子が宇宙《コスモス》の始源を語り起こす場面では、特定の形をもたず、グロテスクに奇矯に変容を続ける怪鳥が現れる。そこでの原初のカオスは怪物（monster）という形象、キャラクターによって表現されている。それは「鵬《おおとり》」と呼ばれる巨大な怪鳥で、「その背の広さ幾千里なるを知らず、垂天の雲のごとき翼の羽搏きに三千里の水を撃し、九万里の高さに上って天池に向う(12)」という。

　鳥は花になり、花は鳥になる。山は山でなく、ときに川になりながら山である。あるいは流れているのは川でなく、その上にかかる橋である。分節化された日常世界のすぐかたわら、その深みに絶対に無分節のなめらかなカオスの動きがある。こうした一連の逆説や異様な断言は、井筒が禅や密教、イスラム神秘主義やシャーマニズム、アニミズムと境界を接する哲学や思想から引き出して、さらに日常の感覚に伝えようとして翻案された言葉である。この万物の相対的運動、相互の可逆性、そして生成変化に、井筒は古代の呪術や考え方（シャーマニズムやトライバルな文化）と現代の哲学（構造主義や言語論以降の思想）の接触面と臨界を見た。

　しかし、そのような物質の可逆的生成にリアリティーの根拠を置くのは、まさにアニメ／映画であることに注意したい。それは指示対象を単に模倣する絵ではなく、無分節であるがためにほかのあらゆるものに自己分節できる。

ここでアニメ／映画の本質に「原形質的なもの」（ゲル状で不定形なもの）の動きを見ようとするエイゼンシュテインを思い起こしてもいいだろう。ディズニーのアニメ／映画を語るエイゼンシュテイン（『エイゼンシュテイン・オン・ディズニー』の第二部）から、今井隆介は「〈原形質〉の吸引力[13]」という論考でこの概念を説明している。エイゼンシュテインはディズニーのアニメ作品に登場するキャラクターたちの、しなやかに自由に伸び縮みする身体に着目する。ちょうど『不思議の国のアリス』や日本の浮世絵に通じる遠近法や物理法則を無視したこの身体／物体のとらえ方は、固定した形式に抗い、決められた形からダイナミックに抜け出していく運動／動きに焦点を当てていて、この特性をエイゼンシュテインは「原形質性」と呼んでいる。これはアメーバのように不定形で、ゲル状になめらかに変容し、互いになりたいものなら何にでも生成する力をもっている。

人間と動物、人間とモノが互いに混交し合い、浸透し合う環境を夢見ること、これはすべてのアニメ／映画がもつ欲望にほかならない。これは単なる近代合理主義や（文化）産業主義に対するアンチテーゼではなく、夢想や幻想のような「前論理的で感覚的な思考」が潜在的につねにこの現実を支え、深く浸透していると見なす視角となっている。もともと「前論理的」という形容は、社会学者かつ哲学者であり『未開社会の思惟[14]』（一九一〇年）の著者として知られるリュシアン・レヴィ＝ブリュールが動物と人間、事物と人間の間に区別を認めないトーテミズムやアニミズムについて分析したさいに使った言い回しだった。

中国の古代哲学の思考にシャーマニズムやアニミズムの層が潜んでいるという井筒の説に従えば、「万物斉同」の概念のうちにも「前論理的なもの」「原形質的なもの」のはたらきを想定することができる。アニメーションとアニミズムの語源的な隣接性以上に、この二つの思考・感覚の間には考察すべき横断性があると見ていい。生命と非生命、人間と動物、植物、鉱物、事物などが相互に、可逆的に生成し合う動きやはたらきとして世界を見つめるという一点で、アニメ／映画と（井筒が理解・解釈する）東洋の哲学や神秘主義の両者には見逃せない共通項があり、ここを糸口に「胡蝶の夢」の図式に執拗にこだわる押井守の作品について／から考える作業には、アニメ／映画研究で一定の意味があるだろう。

すでに述べたように、ここでは井筒の哲学や思想、その言説や概念を用いてアニメについて「解釈」しようとしているのではない。むしろ逆に、押井のアニメ／映画の細部を見て読み込んでいくと、井筒の難解で壮大な哲学言説がわかりやすくなったり、押井が潜在的に考えていること、また彼が映画監督として無意識に提起している問いや、表現上の隠れた戦略を明確にできたりすることがあるということを示したい。押井のアニメ／映画によって井筒を読むことで、「アニメ／映画」論の発明とはおよそいえないにしても、「アニメ／映画の論理が成立する事情／消息」は説明できると思われる。井筒自身はその哲学論文で映画についてはまったくふれていないので、これはいくぶん挑戦＝難題とならざるをえない。

言語学的なカテゴリーによって映画を語るのではなく、映画を哲学的概念で裁断するのでもなく、ドゥルーズはベルクソンとともに映画を思考のモデルとして考えた。映画によって思考の何たるか、ひいては知覚や情動がどのようにはたらいているかについて、人は批評的に思考できるようになる。さらに映画は、日常的な知覚や認知で「思考しえないもの」について思考することを可能にする。このことが『シネマ』二部作[15]で示されているという点について贅言は必要ないだろう。

『シネマ2 時間イメージ』[16]での言葉遣いでいえば、記号学《セミオロジー》ではなく、記号論《セミオティック》を「言語活動一般とは独立したイメージと記号の体系として」位置づけることが重要である。さらにドゥルーズの言葉をパラフレーズすれば、言語を使わない言語活動《ランガージュ》として様々な表現文化（映像・ダンス・音楽など）をとらえると考える必要はない。逆に言語は言語以外の、非言語的な素材――これは単に表現の実質ではなく、形式への方向を潜在的に含みもつ素材である――に対する様々な対処の仕方のうちにしか存在しない。ここで言語はアニメ／映画の物語や説話として映像に先行してはたらいているのではなく、非言語的素材を変形させ、変調するものとして機能する。とりわけ電子的に編集、もしくは操作される、今日のアニメ／映画の視覚的素材は、イメージと事物の同一性を変調しながら構成している。画像は現実のコピーではなく、現実を操作／走査された像として表現する。この情報論的な循環・サイクルは、押井による一連の作品の場合、「夢と現実」の堂々めぐり、交錯という問いで提起されることになる。

映画は言語（活動）には還元しえない。特にアニメ／映画は記号や形に強く依拠していて、言語学をモデルにした映像の理解ではおぼつかない点が多くなる。アニメ／映画には映画の記号学モデルが、言語学モデルとは別に必要とされる。これはアニメ／映画についての研究や批評での、ナラティブ／物語論的な分析への偏重からの解放にも役立つだろう。

いくつかの記号学が明らかにしたように、言語分節は二重である。一つには、ある語は別の語との関係で（だけ）、自らの同一性を分節化し、獲得する。この第一の側面はさらに、音韻論的な関係に移行・転換されて理解され理論化される。

しかし、言語にはもう一つ重要な分節化がはたらいている。それは語と語の間の分節化ではなく、非連続・未分節の状態の「自然」が「文化」として構造化され、分節化されるはじまりの動きとしての分節化のことである。そもそも一つの語自体が、あらかじめ自らを二重に分節化している。一つの語、一つの記号は、それ自体意味するもの（シニフィアン〔能記〕）と意味されるもの（シニフィエ〔所記〕）という分節をもっている。さらに言語は意味の最小単位としての形態素や、音韻の単位である音素にまで分節することができる。この分節の複数的な構成は、いわゆる記号の二重分節と呼ばれている。

意味するものは過剰に世界に贈与されている。クロード・レヴィ＝ストロースはマルセル・モース論文集のための序文で興味深い説を述べている。そこで彼はモースの『贈与論』[17]（一九二四年）で贈与交換の動機の根拠とされた霊のはたらき、マナについて批判的に検討し、メラネシア人の言葉をそのまま使わずにこの意味の贈与、贈与の意味を論じようとした。すなわち意味するもの《シニフィアン》は意味されるもの《シニフィエ》よりつねに過剰である。意味はただ一挙に世界に与えられ、これによって意味するもの《シニフィアン》は価値ゼロを担う記号として、そのはたらきは特定の宛先である意味されるもの《シニフィエ》をもたないままで浮遊する。だから、彼はそれを「浮遊するシニフィアン」と呼んだのである。

ここで付言しておけば、ゼロや無から絵を生み出し、これを動かすことによって生起するアニメ／映画の世界は、このような意味内容をもっていない根元的な無分節による自己分節化のはたらきに、その構成を負っている（逆にいえば、どんな絵柄にも無限の意味内容を与えることができるから）。

ひるがえって、井筒の視角にはレヴィ＝ストロースの説と似ていながら決定的に異なる点がある。井筒は端的に、シニフィエ（意味されるもの）のほうが過剰で無限な広がりをもっていると考えている。次々に新たなシニフィエが深く、横断的に展開することで、ある事態に対してはじめに発せられたシニフィアンは取り残される。言い換えれば、意識の深層では特定のシニフィアンと結び付いていない「不定形の意味可能体のようなものが星雲のように漂っている」[18]。このアモルフ（無定形態）で可塑的かつ潜在的な意味内容は、自らの触手をあちこちに伸ばす怪物のように、自らの結び付くべきシニフィアンを探している。浮遊するシニフィアンに対して、この考え方は「沈んだシニフィエ」とでも呼べるだろう。この論脈でレヴィ＝ストロースと井筒のどちらかが正しいかという議論は必要ない。二重分節によって世界は一挙に意味あるものとして与えられ、そのさいシニフィアンとシニフィエの間には、不均衡とずれがある。こう押さえれば、両者の論理の違いはさほど重要ではない。

さらに井筒の「過剰なシニフィエ」「沈んだシニフィエ」の概念は、決まった絵柄、それも記号的な規則に動かされ、アニメーターの作業や力量、時間的限界の影響でどれほど異なって見えても、つねに同一性を保証されているアニメ／映画でのイメージの意味作用を説明するには、よりかなった視角だといえそうである。とはいえ、根元的な無分節から分節された意味の世界へのジャンプについて、少し急ぎすぎたかもしれない。やや角度を変えてみる。

アニメ／映画はどのように自らを分節化しているか。この問いはドゥルーズが警鐘を鳴らした次元での、言語学・記号学の映画の分析に対する援用ではない。アニメ／映画の分節化作用は、まずはいったんひとコマひとコマの分節として即物的、かつ唯物論的にとらえられるべきだろう。アニメ／映画は言語活動ではない。それとは異なった分節化ではたらいている、ある動きなのである。

かつて中井正一は、その美学的映画論で「映画には繋辞（コプラ）がない[19]」という言い方によって映画のメディア論的特性について述べていた。AはBである、という場合の「である」を映画という表現はもっていない。受け手である観客は、そのつどあるカットと別のカット、シーンとシーンの間を能動的な解釈の視線によってつないでいかなければならない。むろん、映画が作品として完成している場合、ショットとショットの間はつねに作家によってモンタージュされている。映画はどんなショットでもつなぐことができる。しかし、モンタージュされた結果は万人が必ず納得しうる、言葉の文法に見て取れるような「である」の強制力をもっていない。この「つなぎ」はつねに一定程度、恣意的な自由度をもっている。この部分を埋めるのは、くつろいで、あるいは気散じしながら（いろいろな点に注意を向けながら）映像を見つめる受け手、観客（viewers）の側である。

ではアニメについてはどうだろうか。どんな映像でも監督や作家はつなぐことができる。知られるように、アニメ絵につきまとう情報の低さ、解像度の不足、現実の模写の程度の低さを、これを見る観客が能動的に補うことがアニメ／映画ではひんぱんに起こる。「脳内補完」というアニメのファンやオタクの間で語られる言葉は、この能動性を端的に示している。

映画は一秒を二十四コマで映すことで成り立つ。アニメ／映画は、この二十四コマをすべて異なる絵で描く場合（フルアニメーションと呼ばれ、ディズニーなどが採用している）と、限られた絵の枚数でこの二十四コマを構成する場合（リミテッドアニメーションと呼ばれ、手塚の『鉄腕アトム』以降、一般的な様式である）の二つに大別される。フルアニメとリミテッドアニメのどちらがアニメ／映画にとってすぐれた形式であるか、という点はここでは問題にしない。むしろ、押井自身がスタッフに言われて気がついたことのなかに、非常に興味深い視点がある。それはリミテッドアニメがもつ可能性、限られた貧しい台所事情から生まれた技術であるからこその、逆説的な可能性を伝える。どういうことか。

二コマ打ちと三コマ打ちという言葉が、アニメの製作現場にはある。押井の作品であれば、『Talking Head』

の作画監督のセリフのなかでギャグまじりに効果的に使われていた。映画フィルムは一秒間に二十四コマで進む。フルアニメなら、一秒間の作画枚数は二十四枚ということになる（ディズニーアニメのミッキーマウスのちょこまかとした手足の動きを思い浮かべてもらいたい）。リミテッドの場合、一枚の絵を三コマ撮影してアニメにすると、一秒間の作画枚数は八枚である。一枚の絵を二コマで撮影すれば、一秒あたりの作画は十二枚ということになる（日本の現場では、これがフルアニメと呼ばれる場合がある）。素人《しろうと》が常識的に考えても、二コマ打ちのほうが完全なフルアニメにも近く、より動きがある画面を作れるはずだと思いがちである。

しかし一作目の『機動警察パトレイバー1 the Movie』で押井は意外な現実に直面する。気負うスタッフともども二コマ打ちで作画・演出していた作業のさなか、作画監督の黄瀬和哉は押井に「三コマの方がいい、そっちでやらせてくれ」と言いだしたという。そのときのことを振り返って押井は、こう言っている。

いろいろと話をしてわかったのが、優秀な原画マンというのは印象的なポーズを必ず描くんだってこと。中に一枚とか二枚入れるときにね、印象的な動きの瞬間を原画にしていく。だからその瞬間、形になってる。力の入ってる、デッサン力のあるいい絵を見せるということに関して言うと、逆に二コマだと印象に残らない。ヌルヌルヌルと流れちゃって。三コマだとアニメーターの一番見せたかったポーズというのが、一種の残像効果なんだと思うんだけど目に残るんだよ。これは僕の推理だけどね。三コマの方が絵が止まってる瞬間が長いから、本来見せたい絵が見てる人間の印象に残るんじゃないかな。[20]

これは驚くべき認識であり、興味深い推論といわなくてはならない。なぜなら、長い間フルアニメ（ひとコマ打ち）こそがアニメ／映画の理想であり、リミテッドアニメは経済的に廉価で、作業の手を抜いた映像だという認識が、業界にも観客にも行き渡ってきたからである。しかし、限界づけられた映像のほうが、たとえば見えの一枚を仕込むことで動きをよりダイナミックに見せることができる。アニメ／映画で、ある映像の動きAと次の映像の動きBの間には、実際には動いていない映像の連続と断続があるにすぎない。ところが、AB間にむしろまったく動いていない状態が瞬間的に受け取られ、まだ動いていない「未発」の状態が動かなくても、よく練られた格好がいい画像として収まっていることによって、表層的・経験的には動いて見える、すでにある映像、「已発」のイメージがよりきれいな動きとなって現れる。

ここでの已《い》発と未発という概念は、宋儒（宋代の儒家たち）の「静坐」や「格物窮理」などを説明しようとして井筒が引いている用語に想を得て、アニメ／映画のコマの分節作用の理解に転用している。たとえば次のような井筒の言い回しから、現実という名のイメージの自己運動は、先ほどのアニメのコマ打ちの数による時間の分節化から理解することができる。仏教、とりわけ禅に学んだ宋儒らは、彼らの「静坐」での内面への志向を「坐禅」と区別しようとしていた。「自分たちの道が禅のそれとは根本的に違い、たんに似て非なるものであることを明らかにしようとして、宋儒は心の動の重要性を強調する。常に動中に静を求めるべきだと説く[21]」

動きのなかに静止を見いだせなくても、意識のゼロ・ポイントでこれを感じ取ること。逆におそらくはこの静止の無意識の把握によってこそ、世界はよりはっきりと動きだす。動のなかに静を、静の目にもとまらぬ契機に動のきっかけをつかみだす。一瞬の残像、しかも止まった映像のきれいな残像が、動きのあるキャラクターに、いきいきとした人物やメカに息を吹き込む（animate）ことができる。経験的・表層的に流れる水平的な世界から、ある一点で深く垂直に沈んでいく認識と意識のゼロ・ポイントへの志向、ここに井筒は解釈の重点を置こうとする。この構えは驚くほど動画とその作成、それを見る視線の関係を語る場合にかなっている。アニメーションを見る者は、通常、世界を知覚しているさいの図式、枠組み、表層的かつ現象的に認知されている分節化について考えさせられる。ひょっとして、この現実もまたアニメ／映画のような分節化の動きを生きているのではないか、観客たちは潜在的にはそんなふうに疑い、問い始めるかもしれない。アニメ／映画を哲学用語で解釈するのではなく、逆にアニメ／映像の動きに没入した視角から哲学的思考の明解な理解に導かれることもありうる、という本書の問題提起、分析の狙いはこういうところにある。

3 「天上遊行」と神話創成の力

「胡蝶の夢」という主題が押井のアニメ／映画作品にとって決定的なものであることは誰も否定しないだろう。また、井筒の思想にとっては、哲学とシャーマニズムの蝶つがいにもなっている。

井筒によれば、シャーマンの意識のあり方には二種類がある。井筒は古代中国、後漢の時代の詩歌「楚辞」を例にとってこの分類を説明している。[22] まず通常の経験的・日常的意識に対して、「自己神化」によって現実を抜け出ていこうとする意識があり、次にシャーマンが純然たるイメージ空間に「魂を遊ばせる」意識の次元である。

第一のケースでは、シャーマンである人間の経験的次元に神や霊、超越的なものが「降りてくる」。これは一種の「とりつき（posession）」であって、これ自体多くのアニメの物語的・説話論的類型をなしている。スタジオジブリのいくつかの作品にはこうした傾向が顕著に認められる。「楚辞九歌」では「雲中君」と題される詩に、トランス状態の神人合一が描かれている。シャーマンたる巫女は蘭湯で身を清め、香をたき、五彩の衣を身にまとい、神の降臨を待つ。音楽が鳴り、舞を踊る巫女のもとに蛇のようなイメージをとって神が天空から降りてきて巫女に乗り移る。いわゆる「神懸り」である。この一連の井筒の説明を読んでいると、『GHOST IN THE SHELL 攻殻機動隊』の後半、主人公の少佐こと草薙素子が「人形遣い」と呼ばれる神のようなハッカー（ネットのなかの人工生命）と融合する一連の戦闘と作業を思い出す。

宮崎駿のように必ずしも民俗学的・昔話（口承文学）的な説話論的類型に頼ることがない押井のアニメ／映画でも、この「神懸り」的なものは明確に見て取れる。「情報の海に生まれた生命体」である人形遣いは、電脳接続可能な義体化をした人間になら誰にでもハッキングが可能であり、その記憶や経験に擬似現実を仕込むことができる。いくら本人が自らの自由意志で物事を決定していると思い込んでいても、人形遣い、あるいはこれを追跡する公安九課（攻殻機動隊）のメンバーは「他人の目を盗み」、また電脳によって偽の知覚や記憶をかませることで他者をコントロールしたり、記憶や経験が擬似現実だと示したりできる。

電脳化し、義体化した人間も、自分の義体のなかに本当にオリジナルの自己、その最終的な審級に値するひと握りの「脳核」があるかどうか真剣に疑っている。主人公の素子はほとんど四六時中このパラノイアにとらわれ、自己は何者であるか、この現実は夢ではないのか、という疑いにとりつかれている。しかし、これは押井ワールドでの「夢と現実のメビウス的反転／錯綜」の一例である以前に、そもそも「われ思うゆえにわれあり」とコギト（自己）の存在の根拠を創案した十七世紀の哲学者デカルトの思考の発端であり、同時に『GHOST IN THE SHELL 攻殻機動隊』がそのアンサーソングになっている映画『ブレードランナー』の主人公デッカードが抱えたパラノイアだったことを忘れてはならない。デカルトの末裔、デッカードの同時代人たる少佐こと草薙素子は、そのような疑いにはまりこんだ自分を特別な存在として、接触しようとしている者がいることを知る。人形遣いによる素子への融合は、一種の恋愛、誘惑、プロポーズと見なすことができる。続篇の『イノセンス』を見ればわかるように、かつての同僚だったバトーは、消えてしまった少佐を「守護天使」として忘れないまま生きていた。

『攻殻機動隊』の連作を一種の恋愛映画、三角関係の物語として見る／読むことは、誤解しようのないほど基本的で、すでに通俗的でさえあるような受け取り方の一つである。『GHOST IN THE SHELL 攻殻機動隊』の後半、廃屋と化した水族館、なぜか頂点に人類を掲げる、架空の魚類の系統樹が彫り込まれた石柱を前に、素子は自らと同じ姿形の女性型の義体に「侵入」した人形遣いに進んでゴーストダイブを仕掛ける（その接続の手続きはあたかも通過儀礼のように、彼女の義体＝身体の破壊という部分的な犠牲をともなう）。相手の知覚野に入り込んで会話を続け、人形遣いに「口説かれる」素子のアイデンティティは、そばでモニターしているバトーにももはやつかめなくなっていく。つまり、素子は人形遣いという電脳ネットワークでは神のような力をもった超越的な存在に「とりつかれ、憑依されている」のだった。最も自分らしい、自己の根拠を問うような挑戦と冒険のただなかで、彼女の自己は他者に侵食されることで逆にそのかけがえのなさ（特異性／唯一性）を獲得するのである。『GHOST IN THE SHELL 攻殻機動隊』のこの場面で、素子は融合の一瞬に「天使」のような姿をかいま見るが、押井のアニメ／映画的想像力がキリスト教を引用しながら、むしろその核心部分で古代中国のシャーマニズム文学と響き合っているのは大変に興味深い。

電脳を経由した「憑依」は『イノセンス』でも持続している。素子は「守護天使」だったとしても「神」ではない。人形遣いと融合した素子は一種の「神人合一」をつかの間生きたが、「守護天使」としてバトーを見守る素子、「かつて少佐と呼ばれた女」は神そのものではない。単に無数のゴーストと無分節状態に生けるカオス、無数の個体性や特異性を秘めた情報論的な乱交《オージー》として存在する。

井筒の指摘によれば、イスラムのある種の神秘主義の系譜では、神と人の決定的にして親密なつながり、交わりを「ムナジャート」という恋愛関係を表すアラビア語で表現するという。いつものように仏教、キリスト教、儒教を自在に引用し、オリエントの哲学・思考の古層を知ってか知らずか、『イノセンス』での押井守は「憑依」を恋愛や誘惑の枠組みで把握し、形象化しようとしているように見える。ハダリと呼ばれるガイノイド（セクサロイド）には無垢（?）な人間のゴーストが転送（ダビング）され、生科学的に血と肉をもつ人形に憑依している。そのシステムそのものをハッキングすることで、かつて人形遣いと融合した素子は自らをガイノイドの義体に転送／憑依させる。この憑依したガイノイドの電脳容量が少佐にとって完璧なものではないことは、「表情と声はこれくらいで我慢してね」という素子のセリフから知ることができる。

ガイノイドの意匠として、大戦間期（一九一九―三九年）のシュールレアリストの創案した球体関節人形を選んだことで、この「転移／憑依」は物語論的なものであるだけでなく、時代精神の形式や形、デザインも乗り移らせている。ここでいう時代精神とは、一九二〇年代から三〇年代や私たちの現在、そして未知の未来をともに、戦争やテロ、技術革命のように大きな出来事に挟み込まれた過渡期――そもそも過渡期でないような批評的／危機的現在がありうるだろうか！――としてとらえたときに明確になるような「いまのとき」（ヴァルター・ベンヤミン）にほかならない。

しかし、ここまでならありふれたサイバーパンクＳＦの想像力にすぎない。押井一人が始めたものでもなければ、アニメ／映画でなければ表現できない何ものかでもない。

井筒によって二番目に分類されているシャーマンの意識のタイプから、最近の押井の作品を見ることは有益である。第二のケースでは、シャーマンは自分の肉体はこの経験的次元にとめおきながら、「自分の魂だけを天空に遊ばせる」ことができる。ここではシャーマンや人間は生身のままで経験的・日常的な表層の次元を生きていても魂は天空に飛んでいる。一つ目のタイプで召喚された神々、あるいは原型的で神話形成的な様々なイメージと戯れながら、魂だけを離脱させて遊ばせることができる。生きていくうえで出会う人やモノとも付き合い、そのただなかで魂だけを旅させる。井筒によれば、最終的には「日常生活そのものが〈天上遊行〉になる」[23]という。『スカイ・クロラ』は、押井守が『イノセンス』でも展開しきれなかった「わかりやすい」「エンタメ」路線を十全に追求した作品と、一般には思われがちである。蘊蓄とペダントリーに満ちた引用と、形而上学的でメタ映画的な考察は影を潜め、「永遠に大人にならないキルドレたち」の日常、どこかの戦争をスペクタクルとして消費することによってだけ成り立つ平和な日常が、派手で激しい空中戦の映像描写の合間に淡々と流れていく。

しかし、『スカイ・クロラ』はもはや『聖書』も孔子も引用することなしに、この世界があることそのものの神秘、その論理の構造を伝えている。ここに押井と井筒の概念上の出会いがある。一方には二・二六事件に尋常でないこだわりをもつアニメ／映画監督たる押井がいる。そして他方に、かの事件の首謀者北一輝とも関わりをもち、極東国際軍事裁判ではＡ級戦犯として起訴された右翼思想家・大川周明にイスラム哲学／文化の研究を勧められた井筒がいる。「天上遊行（Celestial Journey）」という概念で、意外にもこの監督と思想家はひそかに出会っている（これは押井や井筒の主観的なイデオロギーや政治的立場とは関わりがない）。

『スカイ・クロラ』では空中戦が描かれる部分は、大幅に３Ｄを採用している。飛行場や陸地での生活は基本的に従来のアニメの絵である２Ｄで表現していて、その区分は徹底している。特にレシプロエンジンのプロペラ機での戦闘シーンでは、コックピットのなかのパイロットは2Ｄのアニメ絵で描かれているのに、空や雲、敵味方の飛行機はかなり立体感をもった3Ｄで演出されているため、両者の映像のずれはかなりはっきり、むしろあからさまに感じられる。

こうした手法はそれ以前の作品でもすでに見られる。『パトレイバー』ではレイバーやコンピューターの計器やディスプレーに3Ｄ、人物やメカに2Ｄ、『GHOST IN THE SHELL 攻殻機動隊』では電脳空間に3Ｄ、『イノセンス』では自動車やヘリコプターに3Ｄを採用し、登場人物や日常空間に2Ｄを用いるという区別によって、何らかのアクセントがつけられていた。『イノセンス』冒頭で事件現場に到着するバトーの自動車のボディー、ドアなどの3Ｄによる立体的な浮き上がり感と、キャラクターを含む絵で描かれた通常の絵柄との齟齬やずれは、ほとんどわざとらしいほど目立って見える。筆者によるインタビューで押井は、技術的にはあの齟齬、浮き上がった感じは消そうと思えば消すことができるものだが、あのようなずれを盛り込んだほうが面白いと思って、意図的に違和感が残るように処理してみたと答えている。

いわゆる「実写」の映画だが、『AVALON』では大胆に3Ｄ処理を導入し、なかばアニメ／映画となっている。そこでも最終的なゲームのクラスはそれまで日常生活にもゲームの空間にも採用されていた白黒の陰鬱なトーンから一転してカラーになることで「現実」と呼ばれる時空の特異性、特権性を際立たせる演出がなされていた。つまり、『スカイ・クロラ』での空中と地上の3Ｄと2Ｄのずれをはっきり区分して見せる手法は、押井作品ではいくたびか繰り返された試みなのだった。

このことを「二次元と三次元のずれからアニメが始まる」とテーゼ風にまとめることもできる（この表現は『イノセンス』公開直後の雑誌「ユリイカ」に掲載された筆者による押井へのインタビューの標題にも使われた）。(24)『イノセンス』で偶然に焦点化され、結果的に残してあったずれが、『スカイ・クロラ』ではより意図的かつ方法的に使われている。このテーゼに表される押井のアニメ／映画に対する方法的態度は「映画はかつて魔術であった」という四方田の仮説的な問いかけを、押井が「すべての映画はアニメーションであった」というふうに変奏するための新しい方法だったのではないか。

スペクタクルやビジネスとしての戦争を遂行するパイロットのキルドレたちには記憶がない。二、三カ月以上前の記憶はうすぼんやりしたものでしかなく、いつも一定の既視感のなかを彼らは生きている。戦闘で直面するかもしれない破局や死を、絶えまない、しかし淡々とした反復によって耐えて生き抜こうとするかのように、なるほど彼らにとってはただ戦闘機に乗っている時間がリアルであり、その他の日常は薄明の時間でしかない。『スカイ・クロラ』を物語論的に整理すれば、空は神話の世界であり、絶対に勝つことができない超越した敵としてのティーチャが神話的／象徴的な父として、一種の神として君臨しているのに対して、陸での生活は陰鬱なルーティンでしかないという、非日常と日常、あるいは神話／神秘的次元と経験／世俗的次元の区分というふうに割り当てて見ることができる。しかしより本質的で重要なことは、映像を見る観客の知覚でもこの「ずれ」が決定的な役目を果たしているという点だろう。

『スカイ・クロラ』のCGによるレンダリング（演算による映像の重ね描き）がなされている空中でのシーンの情報量は膨大である。3Dの空や雲はここでは書き割りではないし、実写の挿入でもない。空や雲はあたかも無限の奥行きをもつように、3DやCGの演算処理によって「空そのもの」がその息吹（いきいきとした感覚）を含めて映像化される。しかし、観客はこのレンダリングの深みのすべてを認知論的に追うことはできない。アニメ／映画の限定された情報量に慣れた目にとっては、地上での日常は絵柄のレイヤーが重なった世界が一定の規則で分節化された映像として見られ、戦闘が繰り広げられる空はレイヤーの重なりが読み切れない、知覚の分節化が追い付かない世界として見られている。言い換えれば、『スカイ・クロラ』でナラティブ設定上の聖俗二元論、キルドレたちの空と空の区分は、観客によって映画の知覚上の形式そのもので経験され、生き直されていることになる。

すでに加藤幹郎は新海誠のアニメ／映画にふれながら、雲や空がもつ風景としての意味を「クラウドスケイプ」として焦点化して語っている。(25) 雲は「運動する風景」そのものであり、絶えず生成変化する運動／動きである。アニメ／映画でこれほどドゥルーズの「時間イメージ」を適切に表すものはない。「雲こそ文字通りプネウマ（風＝息）を吹き込まれてアニメートされた（生命を吹き込まれた）動く被写体（生ける風景）の典型である」(26)。押井は「息／生を吹き込まれた風景」としての空や雲を、現実の反映としての「実写」でも、無からの創造としてのアニメ絵でもない３ＤやＣＧの情報処理によって、さらに大胆に「クラウドスケイプ」として際立たせ、なおかつ物語論的には神話の風合いを与えることに向かっている。

『スカイ・クロラ』でも、雲は空のなかに浮かぶモノではないし、雨をほのめかす兆候や指標《インデクス》ではない。雲自体が空とともに運動し、それによって神話的な図像《イコン》にもなり、観客《見る者》による「脳内補完」（代補的・想像的な情報処理）による約束事を組み入れた記号《シンボル》や図表《ダイヤグラム》としても動いている。粗雑で安価な製作現場で作られたアニメの場合、見る者による補完、情報処理が優っているが、押井はコンピューターの演算処理によるレンダリングの重層化によって、観客が追い付くことのできない超越性の次元を空や雲に与えている。

『シネマ１ 運動イメージ』でドゥルーズは次のようにいっている。

> 中国と日本の映画は二つの根本的な原理を援用している。一方の原理は、原初的空虚であり、生命的息吹である。息吹は〈一者〉で万物に浸透し、万物をひとつの全体のなかで再結合し、大きな円環の運動にしたがって、あるいは有機的スパイラルの運動にしたがって万物を変換する。他方の原理は、中間的空虚であり、骨格、関節、ジョイント、つまり細波、あるいは折れ線である。(27)

井筒の用語でいえば、前者の原初的空虚は「絶対無分節」であり「原初的、絶対的一者」ならびに「無／空虚」「深層意識」であり、後者は「分節化された世界」、経験的な「表層意識」「転識」ということになる。中国の古代哲学やシャーマニズム文学、日本の禅や密教から練り上げられた井筒の哲学と、映画に思考のモデルを見いだすドゥルーズの哲学が、まさに思考の動きでこのように対応するのは非常に興味深い。この対応にもとづいて、ドゥルーズがいう二つの根本原理を採用する映画の一形式としてアニメ／映画をあげてみたくなる。『スカイ・クロラ』では、神の次元・視点は登場人物たちに——同時に観客に——降りてくるのではもはやない。キルドレも観客もともにここでは「天上遊行」する、つまり自らの魂を別の知覚のレイヤーに飛ばす、遊ばせる。観客はこの映画で空と陸の戦闘と生活の区分を見る／読むことで、世界や意識の二重の原理、レイヤーに出会っている。

井筒が述べる「天上遊行」段階でのイメージ（イマージュ）体験の主体は「魂《こん》」である。中国の古代哲学では魂を「魂」（こん、hun）と「魄」（ぱく、p'o）に区分する。前者は陽性で天界に属し、人間の霊性を表現するのに対し、後者は陰の性格をもち、地上の生に帰属し、人間の身体的・動物的・物質的な面を代表するという(28)。井筒が提起する「天上遊行」の主体は、「魂魄離散」や一方的なトランス状態としての魂の離脱ではなく、むしろこの魂魄のずれを自覚的に生きる、魂魄のずれによって駆動《ドライヴ》される生を選び取る。むろん、アニメ／映画を見る者はシャーマンでも修行者でもありえない。しかし、2Dと3Dとの間の情報論的な演算処理の質量レベルでの差異、認知論的なずれをてこにして自らの知覚と（無）意識のはたらきに一定程度、自覚させられる、考えさせられるという意味では、このアニメ／映画の観客もまた一種の「天上遊行」を生きているといえないだろうか。

アニメ／映画は映像の自動化プロセスであり、それによって思考や想像力を活性化する自動機械《オートマトン》である。アニメ／映画は動かないもの（絵画／原画や粘土）、イメージも形もまだない不定形なものに息／生を吹き込み、活性化し、いきいきと動かす（現働化〔acctualize〕する）ことによって、技術論的に構成されたアニミズムを成立させる。シャーマニズムや神秘主義とアニメ／映画に親和性があるのは、物語論的なレベルだけでなく、その形式と構造でもいえることなのである。

4 無意識のアーカイブ／倉庫としての「アラヤ識」

こうしたアニミズムに観衆が没入する、夢中になる受容のあり方に、井筒が整理した二種類のシャーマンの（無）意識と情動をあてはめて考えることができる。つまり、映像にすっかり没入し、とりつかれる観衆と、鑑賞する知覚から自分の意識を飛ばして、思考と認知の段階《ステップ》を一つ——あるいはそれ以上——増やしたところで映像を楽しむ観客の二種類がいる。

このことを少し別の面から考えてみよう。

『GHOST IN THE SHELL 攻殻機動隊』に登場した垂直離着陸型航空機（ティルトローター）はもともと士郎正宗のマンガ版原作に登場したものをリファインした形状をしているが、『イノセンス』に登場するそれは鳥の翼のように美しく変形する主翼をもつ、さらに過激なデザインに変更されている。(29)『イノセンス』版の特徴は『スカイ・クロラ』のスカイリィと同じように、形状が男性器、男根《ファルス》の形をしているという点である。兵器や武器が男根の形に近いという視点は、俗流の精神分析でいやというほど繰り返されてきた解釈にすぎない。しかし、そのような演出や設定は、神話的想像力や図像の力に訴えることによって、つまり「神話創成的なもの《ミュトポイオス》」によって、逆に私たちに日常の知覚や感覚について考えさせる。『スカイ・クロラ』では、３Ｄの多用と合わせてティーチャの駆る怪物的な戦闘機であるスカイリィによって、空が「神話的」な次元として立ち上げられている。しかし、これを俗流精神分析の連想で片づけてはつまらない。男根と兵器の組み合わせは、雲の間から尾を揺らめかす竜のイメージと同じように原型やシンボルとしてアニメ／映画の要素となっている。では一体、どこからこうした神話的な形象や怪物のイメージは現れてくるのか。

なるほど中国の神話や神秘主義の逸話には、お決まりのキャラクターたちがいる。たとえば、竜《ドラゴン》や英雄たちのそれである。易では八つのバーコードのような記号「八卦」と、その組み合わせによって得られる六十四の記号をもって様々な怪物や霊的存在を召喚したり、引用したりすることができる。十七世紀の哲学者ライプニッツは中国の易に二進法《デジタル》の発想の先駆を見いだした。今日、デジタル技術を駆使するアニメ／映画が、このように古代中国の宗教思想やシャーマニズム文学での神話創成的なものと概念的に響き合ったとしても少しも不思議ではない。

井筒によれば人間の意識の奥底には、底の知れない沼のように不気味なもの、奇怪なものが蝟集し、うごめいている。無意識の淵には怪物たちがすんでいるのだ。普段の日常、表層の意識や経験に、この怪物たちは姿を見せない。まれに、ある種のタイプの人間の場合、この深層意識の怪物たちが表層の意識に浮かび、勝手に跋扈するにいたる。俗にこれは一種の狂気として扱われる。ところが、二十世紀以降の複製技術は、この怪物たちをいとも簡単に日常のそこかしこに召喚してしまう。かつては宗教や神秘主義の修行のなかで、その姿をかいま見せてきたにすぎないはずの餓鬼や阿修羅、幽鬼のたぐいには、それぞれの時代や地域の意匠が補って加えられ、さらに神話や物語を紡ぎ、形成することができるダイナミックな「形」があてがわれる。

ここにアニメ／映画のキャラクターやメカのデザインの意味形成の力の秘密を説明するカギがある。アニメ／映画でキャラクターやメカは、物語や世界観によって規定され動かされるのではない。むしろ反対に、すでにキャラクターやメカの形のなかに「神話創成的なもの」の力が潜んでいるのである。観念とその体系《イデオロギー》がキャラ（クター）を立てるのではなく、キャラやメカのなかにすでに物語の種子が潜んでいて、これが物語を発動し、神話を形成するのである。

この種子はどこからくるか。それを井筒は仏教の唯識や華厳の哲学での「アラヤ識」や中国の易の哲学の概念で説明する。井筒は個々の文化のなかの無意識を「言語アラヤ識」と呼ぶ。「阿頼耶」とはサンスクリット語で「倉庫（storehouse）」を意味し、すべての因果関係や過去の経験の印象や情動が貯蔵されている。井筒は通常の表層の経験的な意味作用の奥底に、まだ意味を固定されていない、意味として結晶していない浮動的な意味の

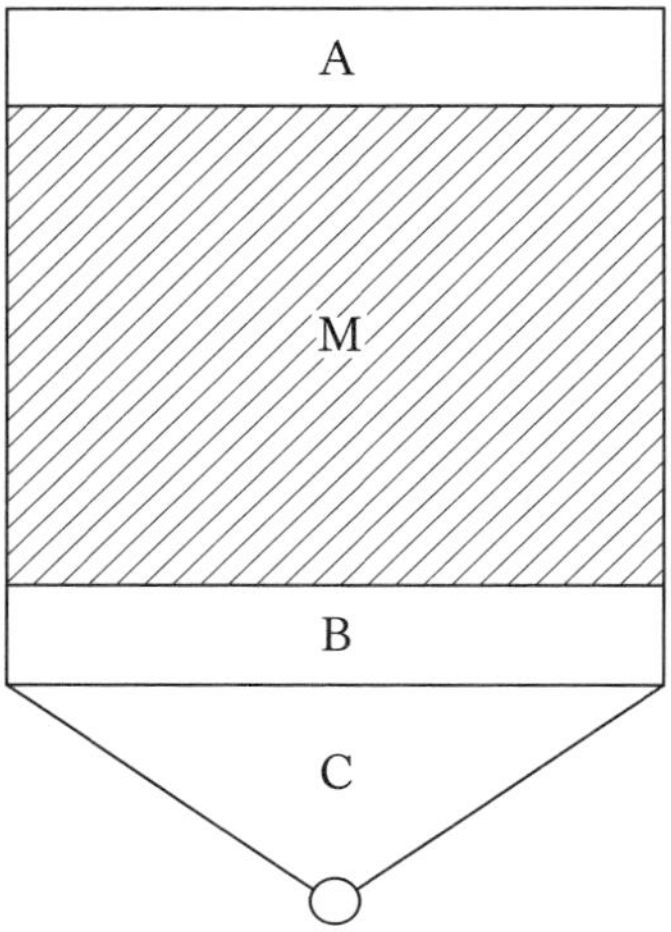

図1
（出典：井筒俊彦『意識と本質——精神的東洋を索めて』〔岩波文庫〕、岩波書店、1991年、214ページ）

「種子《ビージャ》」の収蔵庫を措定したのである。

『意識と本質』で提示されている図を見ると理解しやすい。ここではMで示されている「中間領域」が重要である[30]。これは深層のB領域にある意味の倉庫（storehouse）のアラヤ識の種子から発し、何らかの方向をもった意味から形象へと橋渡しされた領域である（このB領域と種子についてはあとでもう一度、詳しく検討する）。井筒の図式に従えば、M領域は、表層的・日常的意識の領域と無意識や言語アラヤ識の領域の間に広がる象徴や図像、踊りの型などになる形象《フィギュア》の領域ということになる。アニメ／映画で登場人物の顔の造作、設定上の機械（メタルスーツやサイボーグボディー、ギアや兵器のたぐい）のデザインは、この中間領域に属しているといっていい。これはまた井筒との友情に結ばれたアンリ・コルバンの創造的想像力の概念の領域でもあるという[31]。

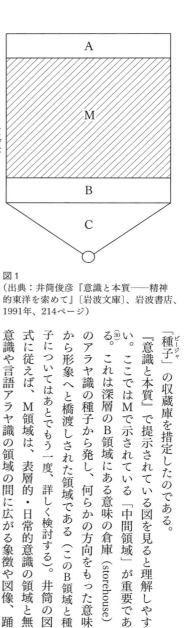

意識のM領域こそ「元型」的イマージュの本当の住処《すみか》。まことに奇怪な（と常識には見える）ものどもの住む世界。天使、天女、餓鬼、悪霊、怪物、怪獣どもがこのイマージュ空間を充たす[32]。

神話的英雄、天使、悪魔、怪物、神話的動物……といった法外な存在者たちの「地下世界（underworld）」と付き合うテクニックとしてシャーマニズムや宗教思想のある側面を見つめたときに、このM領域の機能を無視することはできない。これは通常の経験的・表層的意識にはあがってこない「怪」の世界であり、アラヤ識が深層の意味の種子（霊的な素子？）の収蔵庫だとすれば、M領域は形象《フィギュア》と想像的なもの、怪物たちのアーカイブのようなものである。ある種のシャーマンや霊的修行者たちがこの領域に実存的・存在論的性格を与えるように、アニメ／映画を作る者、見る者もまた、意識の深層B領域（無意識やアラヤ識）に霊感を与えられた（インスパイアされ、アニメイトされた）M領域（イメージと形象のストック）から怪物たちをつねに召喚している（このように理解すれば、曼陀羅の極彩色と形式はアニメ／映画の想像界に通じるものがある）。果てしない雲海とその動きを見つめ、雲の切れ間から怪物的な戦闘機が姿を現す瞬間にショックを受ける『スカイ・クロラ』の観客は、かつてシャーマニズムや神話のなかで語られ、幻視されていたイメージの集蔵体に参入し、そこを通過している。アニメ／映画を作る者も、これを見る者も、ともに意識と無意識の中間領域のなかの怪物《モンスター》たちの組み合わせ《モンタージュ》をおこない、それによってイメージを物質と精神の境界で提示《モントラージュ》する客体化をおこなっている。

まだ明確になっていない（分節化されていない）意味の種子から情報をある程度、受け渡されたアーカイブの領域があり、表層の意識にとっては夢や想像でしか見ることができない様々な異様な形象、形となって人間の前に現れる。絶対的無分節が自己分節化する過程としてアニメーションを見ること、これが押井のアニメ／映画作品がひそかに提起している思考にほかならない。

だとすれば、押井作品で「定番」として繰り返し執拗に描かれる鳥、魚、犬を象徴や寓意として扱うのはやめなければならない。反対にそれを非意味作用の意味、あらかじめ決まった意味をもたない絶対的な無分節のはたらきを示す一連の機械・装置としてとらえなければならない。アニメ／映画で無分節・非意味の次元にさかのぼり、それによってイメージ・意味を機能させること、このことをさらに考えてみたい。

5 顔の諸問題

押井のアニメ／映画で――本当はすべての映画で！――、ある種の顔は反復し、系列化し、自らの起源を隠蔽し、また忘却させながら増殖する。

言うまでもなく、アニメ／映画で顔の意匠はキャラクターを決定する。キャラクターは一般に映画に出てくる登場人物を指し、またその性質・性格を指すこともできるが、その意味内容は顔という形式で、最も明確に（分節化されて）表れる。顔とキャラクター、およびその身ぶりの総体としてのフィギュア（立ち居振る舞いでもあり、姿形でもあり、動きのくせなどの総体でもあるような形）は、観客／受け手のなかに異質な映画やジャンル群の登場人物の系列《セリー》を作り出す（シリーズ化する）。同じ役者が出ているだけで、まったく異なる映画と映画の間に類縁性・親縁性が形成される。ただしこれは普通の映画では一種の偶有事・アクシデントにすぎないか、あるいは強い解釈の視線によってだけ可能となるような、強引な読みであって、映画研究や映画愛好家の大勢のうちでは周縁的な視角にとどまる。

たとえば、手塚はハリウッドのような「スターシステム」をマンガのなかに導入し、キャラクターの効率的な配置や再利用を可能にしたといわれている。しかし、アニメ／映画の場合には絶対にスターシステムは存在しない。同じキャラクターであっても、映画作品やテレビ放映の作品ごとに別々のバージョンをもつことになる。特に予算に限界があるテレビアニメの場合には、一回ごとの放映でキャラクターの顔や表情が変わってしまうことさえある。キャラクターの顔の造作は、そのような経済（結構や節約／エコノミー）に負っている。アニメーターごとの筆致の差や、原画の管理を十全におこなえないケースだとはいえ、アニメ／映画のキャラクターの顔と表情は、はじめから一定のスクランブル（ごたまぜ）の効果・帰結なのである。

キャラクターの同一性をめぐる恣意性については、メタ・アニメ映画（実写映画によるアニメ批評）としての『Talking Head』の作画監督が遺言がわりに作ったアニメのシーンで明確に提示されている。あるテーゼが語られ、その内容が問題であるだけでなく、そこではまさにアニメの線・原画がキャラクター論として繰り広げられている（どんな線、どんな絵でも、それがキャラクターとして認知されればそれでいいという視点のことである）。

このシーンをさらに通常の物語論、もしくは作品のナラティブそのものにほとんど暴力的に持ち込んだ例として、かつてテレビ放映で物議を醸した庵野秀明による『新世紀エヴァンゲリオン』テレビ版の最終回での大胆な原画の導入があげられる。特に詳述しないが、ここではあの驚異的な実験部分を押井の影響とは解釈しない。むしろまったく別様に庵野がたどりついた試みとして考える。実際、筆者によるインタビューで、押井は「あれほど庵野がものを考えているとは思わなかった」と肯定的に述べている。

最近の『バットマン』を演じるクリスチャン・ベールは『ターミネーター4』で未来の反乱軍のリーダーとなるジョン・コナーを演じている。異なる物語であるのに、ときに観客は両者をどこか近しい、あるいは「ほとんど同じ」ものとして受け取っていないだろうか。『エイリアン』では主人公リプリー、『アバター』では科学者を演じた女優シガニー・ウィーバーのキャラクター性にも同じことがいえる。

アニメ／映画では、事態はさらに込み入ってくる。たとえば、『GHOST IN THE SHELL 攻殻機動隊』のバトーやトグサは、『イノセンス』ではずいぶん異なった顔で登場するが、両者が同じキャラクターであることがわからない者はいない。「ほとんど同じ」か、あるいは「ほとんど異なる」であっても、アニメ／映画の場合にはキャラクターの自己同一性は約束事や慣例として受容される。では『攻殻機動隊』連作の草薙素子（あるいはガイノイドの義体）と『スカイ・クロラ』の草薙水素の場合はどうだろう。両者はまったく別のキャラクターであるにもかかわらず、名字の草薙という文字、おかっぱ頭という記号性によって、どこか横断し合う役柄となっている。それでいてこの関係は手塚アニメ的なスターシステムではありえない。

顔が系列化する、あるいは顔が反復されることによって、ある転倒がおこなわれる。プラトンのイデアのような、あるいは孔子の「正名論」であるような「普遍的本質」はアニメ／映画には存在しない。むしろ、そのつど一回的で特異的であるように見える顔、あるいは「個体的本質」（特定のものにしか割り当てられない本質）、「これ性（haecceitas）」（ドゥンス・スコトゥス）や特異性が、類似と反復によっていつの間にか横断し合っていくのである。顔が系列《セリー》となって反復されることで、アニメ／映画は活性化される。オリジナルの顔よりも、オリジナル／コピーの対立を揺るがすシミュラクルに向けて、キャラクターは顔貌化（facilized）される。アニメ／映画でキャラクターやメカなどの形象は、つねに「二番煎じ」であることで意味をもつ（有限数の原画が原理的には無限に使われる)。

『うる星やつら2 ビューティフル・ドリーマー』で登場人物の一人、校医の「サクラ先生」はマルクスを引用していっている。「一度目は悲劇、二度目は喜劇」と。一九八四年の劇場公開時に、また今日、過去の作品を「掘って」鑑賞するファンや観客のなかに、これがかのマルクスの批評的ジャーナリズムの結晶たる『ルイ・ボナパルトのブリュメール一八日』[33](一八五二年)のなかの決定的な言い回しであることを知る者は少なかったし、いまも多くはないかもしれない。

ここで問題にしたいのは、押井のかつての「政治青年」的な教養もしくはペダントリー、あるいはマルクスをめぐる知識一般の問題ではまったくない。

問題はむしろ、こうである。多くのアニメ作品ではオリジナルとコピー、元ネタとパクリの間の階層関係、上下関係はあまり意味をもたない。それどころか、むしろコピーやパクリのほうに圧倒的多数の観客は帰属し、さらに観客「共同体」のなかで——居酒屋や喫茶店での感想の会話、あるいはブログや掲示板、ＳＮＳ(ソーシャル・ネットワーキング・サービス)や「Twitter」などでの井戸端会議の開いているようで閉じた「共同性」——この二番煎じは増殖する(この増殖はいわゆる「二次創作」に連なっていく。本章では「二次創作」を主題的には論じない。しかし、登場人物/キャラクターの顔の系列化という問題設定によって、すでに一定程度、この側面にもふれていることになる)。

そもそもなぜマルクスは「二度目は喜劇」と述べたのか。その理由は端的にいって、人々がナポレオン・ボナパルトというキャラクター、「歴史の顔」(歴史で出来事を/によってクローズアップされた顔)が最初(オリジナル)であることを知らないまま、あるいは忘れたまま、そのコピー・反復(ナポレオンの甥)であるルイ・ボナパルトをむしろオリジナル(独自なもの)として熱狂的に、かつ情動的な愛着をもって受け入れたという現実にある。歴史の衣装を着せ替えること、革命という出来事はこれを可能にする。問題はほとんど同じ衣装を着たキャラクター、似た意匠によってデザインされた人物が、実は反復・模像であることを忘却されたまま、それでも特異でオリジナルなものとして受け入れられるという逆説である。

こうしたことはアニメ化された人物／キャラクターについてだけいえることではない。たとえば、アニメのなかの風景についても妥当する。たとえば、『うる星やつら2 ビューティフル・ドリーマー』のいくつかのシーン、諸星あたるたち友引高校の面々が友引町から出られなくなり、同じ「学園祭の前の日」を永遠に繰り返しながらも、友引町の全体が巨大な亀の背中に乗って宇宙を浮遊していることに気づいてしまったあとの狂った世界、半ば水没した友引高校周辺の描写を思い起こそう。誰が見てもゴダールの『ウィークエンド』を連想するし、人によってはベルイマンのカメラアングルが脳裏に重なるだろう。しかし、『うる星やつら2 ビューティフル・ドリーマー』を当時リアルタイムで見た観客やアニメファンの多くは、おそらくゴダールも何も知らなかっただろうし、彼らはこれを「オリジナル」のアングルやシーン、カット割りとして受け取ったはずである。同様に、先のマルクスの批評的名文句も、多くの観客がそれを引用だとは意識せずに受け取っていたことはまちがいない。ある種の観衆は、この作品を見たあとに元ネタに遡行して掘り起こし、そうでない観衆はいまもそこにオリジナル（独創性や一次性、一回性）を見続ける。

知識の伝達、教育のシステムのあちこちにひび割れが入り、それでいて流通する情報が飽和点に達するほど、つまり各人にはすべてを処理することができなくなるほどに増殖してしまったような今日の情報環境で、コピーや模倣はさして疑いもなくオリジナルとして受け取られる。これは映像の形式にも、物語の内容についてもともにいえることである。

アニメ／映画でキャラクターたちの顔は「家族的類似性」（ヴィトゲンシュタイン）で互いにつながっていて、この顔による囲い込み、あるいは顔による時空の設定は決定的である。顔のなかにすでに物語の種子／素子があり、ストーリーやナラティブがキャラの顔を支配するのではない。「顔のクローズアップというものは存在しない。クローズアップは顔そのものである[34]」。顔は感情や情動が表れる平面であり、顔をもつ（顔貌化される）ということは、ある形の社会性やコミュニケーションに帰属することである。すでに見たように、一つの作品でも、相互テクスト的な関係に置かれた作品の場合でも、アニメ／映画のなかの顔は混交し合い、分節化された状態、個体化された状態から、しばしば無分節の「誰／何であってもいい線と図」に解体され、そのうえでなおキャラクターとしての自己同一性をもつことができる（あたると面堂の顔、メガネと千葉繁の顔の同一性と差異は、そのずれや戯れによってキャラクターのアイデンティティをつなぎとめている）。

押井がよく使うのは、街中に貼られたポスターの顔である。この手法によって顔はある社会性やコミュニケーション空間の消失点とされ、作品のなかの様々にちりばめられた意味を飲み込むブラックホールのようなものになる。実写の『紅い眼鏡』での兵藤まこ、『AVALON』や『GHOST IN THE SHELL 攻殻機動隊』での、かつての押井の愛犬ガブリエル（バセットハウンド）の顔、『AVALON』や『うる星やつら2 ビューティフル・ドリーマー』での謎の少女の顔……などはラベルとして無数に増殖することで、逆に映像に一定のリズムを持ち込み、あるアニメ／映画に特異性を与えることができる。

アニメ絵のキャラクターの顔と、実写での顔のクローズアップやポスター／スクリーン化する顔をさらに横断させる試みとして、『立喰師列伝』をあげることができる。そこでの「スーパー・ライヴ・アニメーション」と名づけられた手法では、写真の顔や手足が実写の書き割りのなかでアニメとして動かされる（似た試みは部分的だが、湯浅政明監督の『MIND GAME』でもなされている）。ここでは実写とアニメの区分・分節そのものが掘り崩され、そのどちらでもないようなアニメ／映画が生まれている（技術的には人形アニメや粘土アニメに近いところもある）。実験映画的、あるいは学生映画的なノリを擬態しながら、硬質な長ゼリフ、延々と続く屁理屈のなかで、疑似歴史の戦後に生きる「立喰師」なる無銭飲食の「ゴト師」たちの生と身ぶりがたどられる。ここで現実、あるいは少なくともすべての映画はアニメになりうるという押井の仮説やテーゼが新しいテクノロジーによって実現されたことになる。

顔を失わせること、顔がないことをもって、あるキャラクターを立ち上げたり、物語の舞台となる社会の世界観を表象させる場合もある。たとえば、『スカイ・クロラ』でドッグファイト中や飛行中のキルドレたちは、飛行マスクで顔を覆っているために「犬の顔」になっている（『紅い眼鏡』『ケルベロス 地獄の番犬』連作でのプロテクトギア、強化戦闘服のマスクや『ASSAULT GIRLS』の女兵士たちのマスクが犬の口吻になっていたのと「連鎖／系列」をなしている）。丸みを帯びた「かわいい」系の小柄な身体と顔のキルドレたちだが、精神年齢は大人であるために、表情は普通のアニメ顔よりも憂いを含んだ、冷たいものになっている。対して、象徴的な父であり、神話的な敵であるティーチャはスカイリィの機体以外の姿では一切登場せず、顔がない／顔を失ったキャラクターとして現れる。

アニメ／映画で、観客が萌える（特定の要素に情動的に固着する）のは、いわゆる「萌えアニメ」ジャンルの顔などだけではない。見る者はメカやデザインにも萌えるし、顔（顔貌性）の問題はメカや都市、建築の意匠にも拡張して論じることができる。

『機動警察パトレイバー2 the Movie』で、存在しないレンズでアップぎみに撮られた後藤喜一、南雲しのぶ両隊長と荒川が、ベイブリッジ空爆時に偶然にカラオケビデオに映ったF16と、ニュースで放映された記録映像のF16の形状がまったく異なっている事実を語り合うシーンを思い起こそう。まず、そこでは「現実」なるものが情報としてつねに操作可能であり、編集され、虚構や嘘を自らのうちに織り込みながら構成されているという、もう一つの「現実」、あるいは現実を裏打ちしている「虚構」をめぐって三人の会話は進行する。ニュースには三沢基地に配備されたF16Jが映っているのだが、カラオケビデオの収録映像には、機体制御用のベクターノズル、レーダーに対する不可視性を高めるステルス翼が採用された新型のF16が映っていた。現実の虚構性、データ操作、編集可能性――むろん、これは押井作品では「夢と現実」の問いの別バージョンである――に続いて、今度は航空機の機体の細部、「部分対象」が問われている。アニメ／映画の観客が萌えるのは、特定の部分や細部であり、欠損したり付加されたりする部分に観客は情動的に固着する。彼らの会話ではF16のステルス翼、ベクターノズルなどの有無が問われ、機械や乗り物さえ顔をもつこと、部分対象のセリー（シリーズ）化にさらされているのである。

このようにアニメ／映画で顔は特定のなわばり《テリトリー》や空間性を生み出し、またそれを突き崩すはたらきをもつこともある。言い換えれば、顔は風景とともに、つまり環境とセットで現れる。顔が身体のほかの部位から切り離されることと、顔が風景のなかで浮かび上がり、また風景も視覚や知覚の周縁から脱することで風景として成立するのは、互いに同じ事態の裏面となっている。顔の出現と風景の成立はつねに同時並行するプロセスなのである。

特に押井の映画で、キャラクターの顔は風景を構成し、そればかりか物語を左右している。すでに別のところで述べてきたように、多くの日本のアニメでの風景はつねに「囲い地」であり、「切り取られた時空」として人為的に構成されていて、その風景の外に空間も別の風景もありはしない。アニメには映画や写真のような「視覚的無意識」（ベンヤミン）がないように、風景の縁の外を視覚的にはもたない。むろん、世界観（物語を可能にする設定の作り込み）としてアニメ／映画の映像で描かれ、投影されたシーンの外部は存在するだろう。しかし、見る者の知覚野の外部をアニメ／映画はもっていない。当たり前だが、絵の外、背景の外には何もない。映っていない風景は存在せず、ただ単にコンテや原画に描かれた部分と、それ例外の白紙の部分があるにすぎない。

奇妙なことに、押井のいくつかの作品で、囲われた空間はベタに顔に支えられている。たとえば『うる星やつら2　ビューティフル・ドリーマー』で虚空の宇宙空間に浮かんだ友引町の亀型のプラットフォームの下には、失踪した友引高校の何人かのキャラクターの石柱化した顔と肉体が亀の甲羅の上で街を（物理的に！）支えるべく並んでいる。たしかに彼らの身体は形をなしているのだが、あたるたち主要キャラクター陣は面堂の用意したハリアーの機上から見た「亀の上に乗った友引町」を見たさいに、まずこれらの「顔」に衝撃を受けている。ここには、先にドゥルーズの『シネマ1　運動イメージ』から引いた「息吹としての風景」と「骨組みとしての顔」の絡み合いが見事に生じているではないか。

押井守はしばしば戦争映画を撮りたがっている作家と認知されているが、精確にいえば、彼は「人間のいない風景」「機械たちが戦っている光景」にとりつかれた、あるいはそれを目指している監督というべきである。人間以前の風景、人間の顔をもたない光景はアニメ／映画でありうるのだろうか。知覚されるもの（percept）としての風景は人間を必要としない。人間の不在、人間のいない、人間以前の風景で逆説的に顔の意味が浮かび出る。このことは、その難解さのために「五年は干された」と押井が回顧する、しかし彼にとっては決定的な作品である『天使のたまご』にも妥当する。夜ごと水没する謎めいた都市で、おびただしい数の仏像のようなフィギュア――実際、それは京都の三十三間堂を思わせる――と奇怪な蒸気筒やセンサー、目玉のような意匠にかたどられた「太陽」のような構築体に、抱えていた卵を割られてしまったあと、少女の顔は石像化して構築体と一体化し、無数の仏像めいた異神たちのフィギュアの中央に陣取ることになる。ここで問題にしているのは、こうしたシーンで顔が何を意味しているかという問いではない。むしろ考えるべきは、押井守の作品で顔は、顔になった構築物、顔貌化した風景として現れる、という点である。

言うまでもなく、この顔は映像と物語《ナラティブ》双方のパースペクティブにとっての消失点としてもはたらいている。すぐに思い付くように、兵藤まことという女優の声や顔によって執拗に表される、彼のアニメ／映画の世界を吊り支え、あるいは崩壊か知られざる段階へと導く少女の顔があげられる（この構造は『うる星やつら2 ビューティフル・ドリーマー』での、夢の世界に登場する幼児のラムにも妥当する）。

押井のアニメ／映画で顔は語りうるものと見えるものを分節化する。双方は互いに還元しきることはできない。そして顔はつねにリズムを風景に刻み込む。『立喰師列伝』では、「月見の銀二」や「ケツネコロッケのお銀」といったキャラクターの顔、実写でありながらアニメ化された顔が、日本の戦後の歴史に「疑似歴史」の反復やリズム、リフレインを刻み込んでいく。

6　水面／鏡面と結晶（クリスタル）化の諸問題

水のなかで揺れ動く世界になぜ引かれるのだろうか。『天使のたまご』のシナリオのあとがきで(35)、そう押井は問いかける。

押井のアニメ／映画での鏡／水面はそこに映る者を呼び寄せる。草薙素子、卵を抱いた少女、あたる……などがいなければ、水面や鏡面は意味を失ってしまう。キャラクターにとって物語《ナラティブ》と反省／反映《イメージ》の蝶つがいである鏡／鏡面は、キャラクターの顔の風景化、環境の顔貌化に連なっていて、この関係がイメージを動かしている。このことを作品に即して考えてみる。

『うる星やつら2 ビューティフル・ドリーマー』の前半[36]で、舞台である友引町をあたるやラムの面々が歩いている。水たまりの水面に彼らと落ち葉（緑色）が映り、彼らは水のなかにいるように見える。いつの間にか空中（水中?）を魚が泳いでいる。この映像で水面はスクリーンであると同時に、世界の媒質（milieu）であるかのように描かれる。そのうち、水面に魚とともに映ったあたるは水たまりのなかに消えてしまう。消えたあたるを追う三宅しのぶが路地に踏み込むと、風鈴を売る屋台が見え、鏡のなかのように無限に路地の空間が畳み込まれていく。次のシーンでは、水たまりにのみ込まれて消えたはずのあたるが、面堂の所有するレオパルド戦車とともに友引高校のプールに出現する。

同じような水面／鏡面を扱った映像は、その後の作品でも繰り返し用いられている。『GHOST IN THE SHELL 攻殻機動隊』ではチタン合金の骨格でできた決して水に浮くことがない義体（サイボーグボディー）をもった少佐こと草薙素子が、浮上用のフロートをつけて海にダイビングする。海面下の草薙には水面がまるで鏡面のように見えている。例によって広角のレンズが使用され、さらにはカメラのレンズに付着した水滴までもが描かれる。実写映画にかぎりなく近い光学的効果を二次元の絵のなかで細かく再現する、という試みは、押井の水面／鏡面への映像的偏愛や幻想のなかでも追求されていく。魚と水、水族館が押井の作品に頻出するのは、水面／鏡面のはたらきとして映像の運動を開示するにあたって当然のことなのである。

『機動警察パトレイバー2 the Movie』では自衛隊幕僚部の荒川と特車二課の後藤隊長が、第二次世界大戦からグローバルな民族紛争以後の世界と日本について語らうシーンがある。だが、ここで人物は会話の終わりにしか登場しない。まず水族館の水槽と魚が映されて会話は始まり、その後、延々と京浜工業地帯のコンビナートを映しながら船上での二人の会話が流れていく。

『GHOST IN THE SHELL 攻殻機動隊』の冒頭、草薙素子が暗殺任務を実行する、政治家と亡命希望者の秘密の面会場所には熱帯魚の水槽があるように見えるが、実はこれは魚の映像を映し出すディスプレーであり、割れてしまえばただの一枚の窓にすぎず、外は摩天楼から広がる高みの虚空なのだった。水面／鏡面が映像を映す膜となり、さらには世界に通じる窓になる。この映画の後半で人形遣いの正体を知るべく思考《シンク》戦車と素子が戦闘を繰り広げるのは水族館か博物館の廃墟であり、そこは『天使のたまご』のときの鳥の化石の代わりに、魚類の進化過程をたどった化石の展示になっていた。水に浸された世界こそ、押井のアニメ／映画では「まともな」（原型質的あるいは無分節の）時空であり、反対に水が干上がった世界は、彼の作品では狂った現実であるかのように描かれる。この鉄則は同じ一日、同じ「学園祭の前日」を繰り返すことをやめてしまった友引町の「その後」の異変にもそのままあてはまる。

『天使のたまご』で描かれるのは水没した世界であり、ノアの方舟のような舟の遺跡が大洪水を免れたのちの世界である。夜ごと、影のように空中を浮遊する魚に向かって無数のもの言わぬ群集、彼ら自身生きているのかいないのかわからないような住人たちが銛を投げて打ち込もうとするが、奇妙なことに影の魚は身をくねらせて巧みに銛をよけてしまう。少女が持つ卵は失われた鳥、化石としてしか残っていない鳥の影のように存在している。まさに「魚行きて魚に似たり」「鳥飛んで鳥のごとし」[37]といった世界が広がっている。

ここでも水の描き方は圧倒的である。アンドレイ・タルコフスキーを思わせる水面に映る木々の揺らめき（十分前後）のシークエンス、また大きなガラスの瓶の水を飲み干す少女、窓のガラスに映る夜空の雲の動きのシーン（十三分前後）などに水面／鏡面への拘泥と、クリスタル（透明で切り子細工模様）なものへの強迫観念が見て取れる。しかし、これは押井個人のパラノイアというよりは、観客自身が映像と世界を水面／鏡面のクリスタル越しに見ているのではないかという問いに導かれる点に、より大きな意味があるように思われる。

大切にしていた卵が割られてしまったことに驚愕し、絶望した少女は都市が水没している湖面目がけて身を投げる。すると成人になった彼女の鏡像が向こう側には見えていて、水面で二つの像＝分身は出会うことになる（ぶつかるときの音が効果的である）。言うまでもなく、このシークエンスは、『うる星やつら2 ビューティフル・ドリーマー』であたるが水たまりにのみ込まれる場面、また草薙素子が海のなかでもう一人の自分と出会うように感じる場面とも呼応している。身を投げた少女は人工の建造物（太陽？）の一部となり、素子は海に身を投げ入れるように「情報の海」に身を踊らせて人形遣いというネットの生命体と融合する。

ありえないシーンをありありとした現実そのものとして描くことはできない。しかしアニメ／映画としては決定的な契機を可視化するために、「言いうるもの」ではなく、「見えるもの」として水面／鏡面が呼び出されるのである。押井がしばしば好んで『旧約聖書』の「コリント人への第一の手紙」から鏡についての言葉を取り上げているのは、したがってまったく偶然ではない。ドゥルーズは『シネマ2 時間イメージ』で「潜在的なイメージが現働的なイメージと結晶化する」という言い方を多用している。映画は結晶イメージであり、ある種のアニメ／映画は鏡や水に徹底してこだわることによって、やはり結晶イメージを提起している。

ドゥルーズによれば、現実的なものと想像的なものの混同は、単に人の頭のなかで起こる間違い・錯誤でしかない。これに対して両者が識別不可能になることは、ある種の「客観的幻影」を構成する。[38]幻想や虚構でありながら現実的な効果をもつ幻影のことである。逆に現実と非現実が不分明になったときにこそ、想像的なもの、偽のもつ力が立ち上がる。アニメ／映画でのリアリティー（現実感）とは、まさにそのように客観的に対象化される（オブジェとなった）想像的なファンタスムや幻想だといっていい。現実と非現実の二つの区分・区別はなくならないが、見る者がそのつど確実にこれを指摘することはできなくなる。この状態・条件がアニメ／映画のリアリティーを増進するのであって、客観的現実の反映や模写の精度でリアリティーが保証されるのでは決してない。

想像的なものが無媒介に物質的・客体的なものとなっている世界、それが『攻殻機動隊』の世界であり、同時にアニメ／映画を作る／見る者が問いとしていつも参入する領域である。それは日常の現実《リアル》に潜む不確かさを明らかにする。あいまいで、よくわからない事件や出来事（不定形で無分節の潜在的なもの）と普段の日常生活（分節化されたもの）との間に交換や短絡が生じる。

『イノセンス』で敵にハッキングされたバトーは食料品店で銃撃戦に巻き込まれたという偽の知覚を与えられ、銃を乱射する。このシーンで割れるガラスはまさにクリスタルのように砕け散っていた。北端のキムの屋敷で擬似現実をかまされたトグサにも同じことがいえる。こうした状況下でのバトーやトグサのそれぞれの「俺」は経験的な意味での自我ではもはやなく、彼らの自己は不可視で仮想／潜在的なフィールド・層の全体が、通常の経験や現実に結晶化している。同じ経験が「ほとんど同じ」「少し異なる」かたちで繰り返されることで、「私」なるものはフィールド全体の主観的な結晶化のことかもしれない、という視角が示唆されているように思える。

いま、述べた結晶化をめぐる言葉遣いは、仏教の禅やイスラムの神秘主義について語るさいに井筒が多用する言い方でもあった。たとえば、『意識と本質』から次のような文章を引いてみよう。

文化的無意識としての「言語アラヤ識」の中に、すべての「本質」がきちんと完成された形で整然と収まっている、というのでは、勿論、ない。無意識とかアラヤ識とか呼ぶこと自体が示唆しているように、「本質」を意識のこの深みまで追求してくれれば、それらはすべて潜勢態特有の存在性の稀薄さの中に幽隠してしまうのだし、それにこの領域には、まだ「本質」として定着できない、あるいは結晶しきれない、無数の浮動的な意味体が、結びつ解かれつしながら流れている。無意識奥底のこの紛糾の場において、唯識哲学のいわゆる存在「種子《ビージャ》」が形成されていく。そしてそれらの「種子」が、機会あるごとに潜勢態を脱して「転識」的意識の表面に現勢化し、そこに「本質」を作りだして経験的事物を分節する。(39)

潜勢態（the virtual）、現勢化（actualization）など、いくつかの言葉はドゥルーズ＆ガタリの哲学とも呼応している文章であり、細かい注釈に値する。その手続き自体、アニメ／映画を見る姿勢に無縁ではなくなってくる。まず深層には意味の種子があり、それはいわば「記号＝粒子」のようなもので、粒子的な性格と浮遊しながら波のようにほかに伝わっていくという二重の性質をもっている。種子《ビージャ》は倉庫として意識の深層たるアラヤ識に置かれている。それは絵でも図表でもあり、しかも言語的な意味の方向性を秘めている。この深層はしかし、潜在的で潜勢的なものでありながら、経験的・表層的な意識や意味のはたらきに絶えず影響を与えている。すでに見たように深層と表層の中間のM領域、創造的想像力の領域で様々な形象や登場人物のストックを経由する、通過することによって、表層の意識にはたらきかける。

しかし、想像力やイメージの世界に到達する以前に、あるいは特定の形象やキャラクターを経由するより前に、この無意識の意味の種子、記号＝粒子のなかには、すでに一種の物語（語りの内容）が枠組みや形式として組み込まれている。人があれこれの語りをする以前に、あるいは紋切りだったり原型的だったりする形象・キャラクターがアニメ／映画の表現で形成されるよりも以前に、語りの方向性、物語に向かう潜在的なエネルギーが種子《ビージャ》のなかではたらいている。表層の意味内容が具現化するためには、種子は潜勢態を脱して意識の表面に現勢化しなければならない。井筒はここでヴァーチュアルなもの（潜勢態）からアクチュアルなもの（現勢態）への移行を現実の条件として語っているとともに、アクチュアルな、いま現にありありとある現実のかたわらで、あるいはその奥底では、つねにバーチャルなものが息づいていると考えている。これはそうありえたかもしれないが、現実化しなかった「可能性」ではない。２Dと３Dの往復、並列、横断……で繰り広げられる、昨今の押井のアニメ／映画は、まさにこの深層と表層、潜勢態と現勢態の同時的併存、並列的生起の格好の実例として見ることができる。

ここでは時間も並列化を始める。井筒にとって形而上学的・超越（論）的次元は非時間的・無時間的である。これは直線の流れではなく、ノンリニアに、いわばどこからでも任意の時空の一点にアクセスできる根元的で全体的な時間性である。この無時間的な動きは、そこから過去、現在、未来の一切が、同時に現勢化（actualize）

されるような時間性を指している（ノンリニア編集される映像のなかの時間、空間でほかの背景にディゾルブする映像を念頭に置いてみると理解しやすい）。バトーがキムに「守護天使」（草薙素子／人形遣い）によるハッキングの記憶をたどらせるとき、そのような編集がおこなわれている。これは現勢化のゼロ・ポイントにして意識のゼロ・ポイントであるだろう。無意識が意識を構成し、非時間／無時間的なはたらきが時間を成立させている。

　そこで現在、過去、未来が並行し、共存し合うような時間性をアニメ／映画は創造する。アニメの作家は人形遣いと似たはたらきを引き受けているのである。映画とともに、アニメ／映画もまた「自動機械／自動人形《オートマトン》」なのだった。この自動機械は、潜在的な意味の種子から現実への結晶化を促しながら、同時に固定した（分節化された）意味の結晶をたたき割ることもする。

　記号＝粒子としての意味の種子《ビージャ》は、普通の認識、表層上の経験から得たものを自らの内に取り込むし、もちろん深層の意味のはたらきを通常の感覚に「転識」として移行させもする。深層と表層、無分節の意味の潜勢態と分節化された現勢態をつなぐはたらきは、「熏習《くんじゅう》」という空海『大乗起信論』に由来する概念で説明される。熏習は「移り香」現象と理解すればいい。匂いが強いモノAのそばに別のモノBを置いておくと、いつの間にかBにAの強力な匂いが移ってしまう。おおむね、そんなふうに整理できる。唯識哲学ではAを「能熏」、Bを「所熏」と呼び、一方向の熏習しか認めていない。しかし、井筒は空海の『大乗起信論』の論理にならい、「真如」（真のリアリティー）と「無明」（偽の現象）の双方が互いに役割を変えて「能熏」「所熏」になりうると考えている。

　日常の感覚、つまり多くの場合、表層的であり、あらかじめ出来合いの意味分節に仕切られた「転識」のほうが、潜在的な意味の種子のもつエネルギーやベクトル（方向）に影響を与えることもあると考えている点に、井筒の熏習理解の面白さがある。彼は「絶対無分節が無限に自己分節化する」プロセスを、この論理で説明するのである。草薙素子と人形遣いの情報論的融合は、どちらが能動で、どちらが受動かはいいがたい。また実際の絵柄としても、ハンス・ベルメールの球体関節人形の形をしたハダリの義体と、かつての素子自身の義体は交錯し、誰が誰に教え、転移し憑依するといった関係ではなくなっている。素子自身が、無分節のネットワーク的な、実体がない空虚な網の目になっているからである。この潜在的な無分節の存在は、現象的な世界の影響も受けて、自己分節し、分節の数だけ出来事や事象を生み出していく。意味の種子が潜在的な分節を顕在化させるさいには、つねに一定のイメージ（イマージュ）のはたらき、深層と表層をつなぐ中間領域を経由することになる。

井筒がいう絶対無分節、根元的無／一者などを神話的な「宇宙卵」、すべての可能性を秘めている種子や粒子となぞらえたくなることがある。実際、そうした解釈はこれまでにも散見される。たとえば、ここで押井の『天使のたまご』での謎めいた卵から、『立喰師列伝』で「月見の銀二」が「いい景色じゃねえか」と言ってかき回し、すすり込む卵、これらは押井のアニメ／映画作品でキャラクターやメカと同じか、それ以上に根元的なはたらきを示していて、結晶イメージのモデルとなっている。

映像の動きは、観客のなかに「精神的自動機械（spiritual automaton）」を形成し、逆にそれが自動的運動にフィードバックされる。[40] 思考が自動運動のなかに、とりわけそのイメージに入っていく。端的に思考を強いるもの、人に何かを考えさせるイメージと、イメージに衝撃を受ける、ショックを感じる者との間に共通する力の場が成立する。映画は私たちに「まだ思考されていないもの」について、何らかの衝撃をもって考えさせる。このはたらきを「精神的自動機械」とドゥルーズは呼んだ。

押井の一連の作品で、自らが人形かもしれないと疑う者は、人間と人形、人間と動物、生者と死者、人の現勢的イメージと自動人形の潜在的イメージ……などの間に短絡回路を設け、一種の祝祭や情報の乱交状態《オージー》を生きようとし始める。したがって、自動人形によってアニメ／映画が精神的自動機械であることを示す試みとして『イノセンス』を見ることができるし、生体工学的に調整された人形（キルドレ）たちの霊＝精神の場、無意識や魂のトポスを求める映像として『スカイ・クロラ』を見ることもできる。「若い人たちにメッセージを伝えたい」という押井の最近の言動が、「映画という状況を展開する」作戦の兵站／レトリックでないという保証はどこにもない。作家がいうことをすべてうのみにするのが危険なのは、どのような映画でも同じことである。

アニメについても、この「自動運動」と「精神的自動機械」のはたらきを見いだせる。アニメ／映画を見たときの衝撃（感覚変容）は宥和的でおだやかな何かとして訪れることもあるが、何らかの強い不安やある種の嫌悪感を見る者の情動と知覚に及ぼしながら、それでもなお快感を構成するという点では、正負双方のベクトルの衝撃がある。しかし、そもそも動画であるから「自動運動」のほうはいいとして、「精神的自動機械」、特に精神的《スピリチュアル》という言葉遣いについては説明が必要になるだろう。「精神的自動機械」は夢ではないとドゥルーズはいっている。夢には検閲や抑圧がはたらいているからだ。ここでいうスピリチュアル性を個人での「心理的なもの」ととらえてはならない。これは個の内面や心理ではなく、むしろ集合知性でありながら、霊的な意味合いさえもっている精神である。

映画には視覚的無意識が存在する。機械の目が視覚的無意識の存在をほのめかす。では、アニメには視覚的無意識が存在しないのか。これには二重に答えることができる。アニメでは逆に視覚的意識が十全に支配的である。あるいは問いかけどおり、アニメには視覚的無意識がないとも答えられる。

ゴダールは映画に自意識を持ち込んだ。押井守はそう述べている。[41] これにならっていえば、押井守はアニメ／映画に無意識を持ち込もうとしているのではないか。彼がゴダールを大変に意識していることについては多くの記事や証言がある。その核心は、アニメに無意識を導入することによって、「映画を思考する映画」を可能にすることである。これは映画のなかで映画論をやってみせることではない。誤解されがちだが、『Talking Head』は映画の現場で映画論を延々とぶっているジャンルの紋切りには帰属しない。あくまでも、あの「実写」映画は「アニメをテーマとするアニメ／映画」としてメタ映画論たりうるだろう。

ただし、そもそもアニメには写真や映画にあるような「視覚的無意識」は存在しない。アニメでは、その場の雰囲気や反応をカメラに収めることはできないからである。自分はこんなものを撮っていたのか、という素人ではよく起こりうる、そしてプロの作家にさえ起こる偶然の出来事《アクシデント》がアニメにはありえない。というより、アニメが一定の完成度を追求するかぎり、視覚的無意識にもとづく映像など排除されなければならない。「こんなものが撮れてしまった」という奇跡から最も遠いところにアニメ／映画は成立する。結果的に「こんな印象を観客に与えることになった」という偶発的《コンティンジェント》な要因はもちろんあるだろう。しかし、撮影する時点ではまったく意図していなかった、あるいは意識化（分節化）されていない映像ができてしまう、ということはさしあたりありえない。

アニメ／映画に無意識を持ち込む。それはアニメ／映画が人の空想や妄想の深層に分け入り、そこに地域や時代を超えて共有されたアーカイブのような「無意識の倉庫」、井筒でいえば「アラヤ識」がひそかにはたらいていることを視覚化することである。またアニメ／映画に関わる者は、鳥を鳥として、花を花として見るとはどういうことか、こうした問いにも取り組むだろう。この「として」に認識論的な機制を読み込むことは哲学の基本である。アニメ／映画を作る者や見る者は、指示対象や被写体を無から創造／想像する課題を担うがために、鳥が花に生成し、花が鳥に生成する、可逆的で相互貫入の次元をつねに想定している。

映画が思考の外に向かって思考させる自動機械であるなら、アニメ／映画は思考の無意識を目に見えるようにする自動機械／人形にほかならない。

限られた数の「ほとんど同じ」原画を反復し、運動に導くこと。映画は音楽とともに永遠回帰の回転運動を盛り込んだメディアだが、アニメ／映画でも永遠回帰は、つねに反復であり、しかし逆説的にもそのつど一回的な特異性を帯びている。「いつも通る道だからって、景色は同じじゃない。それだけではいけないのか。それだけのことだから、いけないのか……」と言う『スカイ・クロラ』のキルドレの独白は、アニメ／映画を作る／見る者のそれでもあるだろう。

ここにアニメ的オートマトンのはたらきと精神がある。

注

（1）デカルト『方法序説』小場瀬卓三訳（角川文庫、角川ソフィア文庫）、角川学芸出版、二〇一一年

（2）押井守『勝つために戦え！ 監督篇』徳間書店、二〇一〇年

(3) Toshihiko Izutsu, *Language and magic: studies in the magical function of speech*, Keio Institute of Philological Studies, 1956.

(4) 井筒俊彦『意識と本質――精神的東洋を索めて』(岩波文庫)、岩波書店、一九九一年

(5) 井筒俊彦『意味の深みへ――東洋哲学の水位』岩波書店、一九八五年

(6) 井筒俊彦『禅仏教の哲学に向けて』野平宗弘訳、ぷねうま舎、二〇一四年 (Toshihiko Izutsu, *Toward a philosophy of Zen Buddhism*, Imperial Iranian Academy of Philosophy, 1977.)

(7) 黒沢清/四方田犬彦/吉見俊哉/李鳳宇編『日本映画は生きている』全八巻、岩波書店、二〇一〇―一一年

(8) サミュエル・ハンチントン『文明の衝突』鈴木主税訳、集英社、一九九八年

(9) 黒沢清/四方田犬彦/吉見俊哉/李鳳宇編『アニメは越境する』(「日本映画は生きている」第六巻)、岩波書店、二〇一〇年

(10) Toshiya Ueno, "Japanimation and Techno-Orientalism," nettime mailing list.

(11) Toshihiko Izutsu, *Sufism and Taoism : a comparative study of key philosophical concepts*, Iwanami Shoten, 1983.

(12) 前掲『意識と本質』二〇〇ページ

(13) 今井隆介「〈原形質〉の吸引力」、加藤幹郎編『アニメーションの映画学』(「ビジュアル文化シリーズ」) 所収、臨川書店、二〇〇九年

(14) レヴィ・ブリュル『未開社会の思惟』上・下巻、山田吉彦訳 (岩波文庫)、岩波書店、二〇〇三年

(15) ジル・ドゥルーズ『シネマ1 運動イメージ』財津理/齋藤範訳 (叢書・ウニベルシタス)、法政大学出版局、二〇〇八年、ジル・ドゥルーズ『シネマ2 時間イメージ』宇野邦一/石原陽一郎/江澤健一郎/大原理志/岡村民夫訳 (叢書・ウニベルシタス)、法政大学出版局、二〇〇六年 (Gilles Deleuze, *Cinéma1 L'image-Mouvement*, Les Édition du Minuit, 1983, Gilles Deleuze, *Cinéma2 L'image-Temps*, Les Édition du Minuit, 1985.)

(16) 前掲『シネマ2 時間イメージ』四〇ページ。ちなみにジュリア・クリステヴァにも「セミオティック/前記号学的秩序」という概念があり、言語学の概念よりもアニメの分析には適しているという見解を前掲「〈原形質〉の吸引力」は提起している。

（17）マルセル・モース『贈与論——他二篇』森山工訳（岩波文庫）、岩波書店、二〇一四年

（18）井筒俊彦著、若松英輔編『読むと書く——井筒俊彦エッセイ集』慶應義塾大学出版会、二〇〇九年、二六七ページ

（19）中井正一「美学入門」、長田弘編『中井正一評論集』（岩波文庫）、岩波書店、一九九五年、三〇五ページ

（20）前掲『勝つために戦え！ 監督篇』一〇二ページ

（21）前掲『意識と本質』八八ページ

（22）同書一八八—二〇〇ページ（Toshihiko Izutsu, "Celestial Journey: Mythopoesis and Metaphysics," *in The Structure of Oriental Philosophy: Collected Papers of the Eranos Conference, Volume II*, Keio University Press, 2008, p. ）

（23）同書　ページ（Izutsu, *Ibid.*, p.214.）

（24）押井守／上野俊哉「徹底討議 アニメはズレから始まる——2Dと3Dのはざまで」「ユリイカ」二〇〇四年四月号、青土社

（25）加藤幹郎「風景の実存」、前掲『アニメーションの映画学』所収、一二二ページ

（26）同論文

（27）前掲『シネマ2 時間イメージ』三二七ページ（Deleuze, *Cinéma2 L'image-Temps*, p.254.）

（28）前掲『意識と本質』一九五ページ（Izutsu, "Celestial Journey," p.204.）

（29）ちなみにアメリカ軍の計画SACO（Special Action Committee on Facilities and Areas in Okinawa）が沖縄県の辺野古を滑走路・基地に使おうとしているV22オスプレイはティルトローターの現実版、実用化された次世代の準垂直離着陸機だが、その変形機構の複雑さゆえに合衆国での実験中の事故も少なくなく、市街地での墜落が専門家の間でも強く危ぶまれている。辺野古は普天間基地代替のためではなく、今後、各地に配備されるオスプレイの発着施設として想定されている可能性が高い。さらに自衛隊の輸送艦おおすみや護衛艦いずものヘリ発着ポートにオスプレイを配備すれば、ヘリよりも航続距離が長い飛行機を配備した小さな簡易型の「航空母艦」として運用が可能となる。現在、普天間や辺野古の問題は日々のニュースをにぎわしているが、軍用航空機についての情報を追っていてもたどりつくような情報にもとづくこうした論点がメディアで少しでも言及されることはめったにない。

（30）前掲『意識と本質』二一四ページ（Izutsu, "Celestial Journey," pp.126-7.）

（31）同書二二四ページ（Izutsu, ibid.）
（32）同書二一八ページ（Izutsu, ibid., p129.）
（33）マルクス『ルイ・ボナパルトのブリュメール十八日』伊藤新一／北条元一訳（岩波文庫）、岩波書店、一九五四年
（34）前掲『シネマ1 運動イメージ』一七六ページ（Deleuze, *Cinéma1 L'image-Mouvement*, p141.）
（35）押井守／天野喜孝『天使のたまご』（徳間アニメージュ文庫）、徳間書店、一九八五年、三〇ページ
（36）DVD『うる星やつら2 ビューティフル・ドリーマー』（東宝、二〇〇二年）の三十六分（DVDチャプタ12）が当該個所。
（37）宏智「坐禅箴」、前掲『意識と本質』一六五ページ
（38）前掲『シネマ2 時間イメージ』九六ページ（Deleuze, *Cinéma2 L'image-Temps*, p94.）
（39）前掲『意識と本質』一三〇ページ
（40）前掲『シネマ2 時間イメージ』二一八ページ（Deleuze, *Cinéma2 L'image-Temps.*）
（41）前掲『勝つために戦え！ 監督篇』

第3章

犬人は狼男の夢を見ない

1 犬人という形象

説明されるべきは、すべての子供が、そして多くの大人ですら、ある程度まで犬めいたことを実践しているし、彼らが犬との関係においてあらわしているのはオイディプス型の象徴的共同体というよりも、むしろ非人間的な共謀なのだということである。

ドゥルーズ&ガタリ

子供は犬が好きだから犬を主人公にしよう、その犬に子供の喜ぶようなことをさせよう、子供は兵隊ごっこが好きだから、犬に兵隊ごっこをさせればいいだろう、という構想でまとめたわけです。さてこの犬にどういう環境をこしらえてやろうか。当時僕は青年でしたし、社会の組立が何か納得ゆかなかった。富の分配が不公平で、金持と貧乏人が両極端に立っている。一つの貧乏人の立場からこの話を組立てよう。だからこの犬は、貧乏のどん底、宿無しから出発しよう。親も、兄弟も、家もない野良犬で、その上あまり利口じゃなく、いいことしたつもりが結果は叱られる。廻り合わせの悪い可哀想な立場からスタートさせる。しかも犬自身はちっとも悲観していない。そういう犬を仮設した。

田河水泡

すべては犬の話である。

3Dと2Dの遭遇と相互作用が新たな崇高やショックを構成しようが、あるいは戦車が地響きをあげ、ヘリがホバリングし、石が投げられゲバ棒が握られようが、そして強化服の兵士や歩行機械が街を闊歩し、セルロイドの人形に魂が宿り、無数の他人の知覚や感覚に潜入《ダイブ》することができたとしても、すべては犬の話である。

いや「犬人」の話だと考えてみよう。作家の前世が犬だったとか、ほとんど犬だというギャグのようなおしゃべりから遠く離れた地点で、「犬」あるいは「犬人」について考えてみたい。

単に犬が出てくる話でも、犬みたいな人間の話でもない。犬そのものになろうとしても絶対にかなわない、そのことのもどかしさを、なお犬という寓意ならざる存在に押し付けることに夢中になっている者たちについて考えてみたい。

一九六〇年代後半から七〇年代の中頃まで、東京近郊にもまだたくさん野良犬がいた。やがて犬は街路から姿を消した。野良犬という概念は消え去りつつある。森山大道の写真を見たり、彼の『犬の記憶』[1]というエッセーを読んだりすると、この野良犬の存在がいまの東京とはまったく異なる風景を形作っていたことがうかがわれる。野良犬の消滅と引き換えに、いまや飼い犬が増えている。犬が犬であることを通り越しそうになり（ますます「元狼」としての記憶をぶっ壊し）、人間的環境、人間の条件に近づきうるような場面で、犬になる人間が現れて、なんの不思議があるだろう。アルチュセールが「プロレタリア独裁の概念は犬のように捨てることができない[2]」といったのも、たしか七〇年代のはずだ。

犬が好きかどうかといえば、べつに好きではなかった。あの人に出会うまでは、まったく。どちらかといえば狼のほうが好きだし、狼が出てきたり、隠喩に使われる話のほうが趣味的には好きだ（いい年こいたガキだから素直に『WOLF'S RAIN』に燃え／萌える。人間の格好をした狼たちが「花の娘」を守り、楽園を求めてエクソダスする話だ）。しかし、狼と接近遭遇したことがあるわけではないから、この比較はふさわしくない。それは物語やイメージのなかでのことでしかない。

では現実の犬との出会いは不幸だったか。そもそも犬を飼ったことがない。団地育ちがために動物一般を飼ったことがない。子どもの頃は『オバケのQ太郎』のように犬が苦手だった。そのうえよく吠えられた。どこに引っ越しても、あっちの角、こっちの門から吠えられた。犬が嫌いのはずだった。

にもかかわらず、もう二十年近く前、熱海で初めて生前のガブリエルと対面したとき、不思議に違和感はなかった。あまりにもアニメで見てきたそれであることには驚いた。面白いことに、犬独特の匂いやなめられる感じがかつては嫌いだったのに、ごく自然に接していた。妙な振る舞いに出て、飼い主の機嫌を損ねるのを恐れたのではない。オランダ・アムステルダムのカフェやバー、友人宅などでとっくに犬に慣れていたせいもある（ヨーロッパでの犬の「市民権」はおそろしく高い。ハーバーマス派でもアレント派でも何でもいいから、犬と公共圏の話をまじめに「もう一つの近代」の問題として書くべきである。ポール・ギルロイはさすがに随所でそれをやっている）。

作家は「なんとなく動物に好かれる感じですよね」と言った。そんなことは考えたこともなかったが、あのとき入ったスイッチがまた作動し、ついみんな「犬の目」になって「映画はそもそもアニメーションだった」という流れになった。さらにいえば、それ以前のある決定的な瞬間に、犬の目で世界を見るという作家の感覚を理解したことがあったからかもしれない。このことは以前、本に書いた。[3]

一緒にいるなら犬より猫のほうがいまでも好きかもしれない。あの自律した、いてほしくないときに寄ってきて、一緒にいようとするやいなやきびすを返すファム・ファタールみたいな猫のほうが断然、趣味としてはしっくりくる。けれども、あの人は犬について考えさせる。自分たちは犬にはなれないが、実は犬にとりつかれた犬人だということを。

犬の目をしてはいるが、犬ではない。犬としての訓練や馴致に耐えることができない。かといって狼や野良犬になる気合も野生もない。大学の学生を見ていても、様々な業界や文化のシーンを観察しても、動物化というより単に家畜化、それも産業化され、人工的技術だけによって支えられた安楽さの位置を自らよしとする人間が増えている気配がある。

犬の目をして何かをねだりながら、それに見合う訓練と抑圧だけは徹底して忌避する人間。人間が人間を安全に存在させることを社会の安寧と文化の向上の至上目的と信じて疑わない感覚が日常を覆い尽くしていく。監視と管理が当然のように福利厚生に数えられるような日常を生きる、まったりと平板な世界に安住する「動物」、それを「家畜」と呼ぶのはどぎついし、選民思想や社会ダーウィニズムに安易な道を開く点で何よりも危険かもしれない。だから、「犬の目」をしているくせに、訓練にも抑圧にも向かわない人間らしきものに背を向ける、抵抗する。

そのとき現れる存在、「動物化」の現象と価値のアンビバレンツの裏側に、「動物になること／動物への生成変化」（ドゥルーズ&ガタリ）のこだまを聞き取りながら、投げられた棒切れを追いたいと思っている存在、それを「犬人」と呼ぼう。犬もしくはそれに類するもの――人形やフィギュア、ぬいぐるみ、機械など――と一緒にいたいと思ううちに、犬の身ぶりをものにしてしまった人間のことだ。「犬男」と書かないのはPCのためでもポジショナリティー（立ち位置？）とやらのためでもない。鷲尾みどり（映画『紅い眼鏡』『ケルベロス 地獄の番犬』）やマンガ『犬狼伝説』）や南雲しのぶ（『機動警察パトレイバー』）のように、女の「犬人」がいるからである。

これら「犬人」たちは、ことによるとただの寂しがりかもしれないが、近代の思考を開始した哲学者が人形を連れて歩いたのだ。どうして恥ずかしいことがあるだろう。

動物は言語から締め出されている。にもかかわらず、「犬人」の身ぶりと言葉は日常に突き刺さる。『機動警察パトレイバー2 the Movie』で、特車二課への襲撃を予測しながら、警視庁上層部の会議を退席した後藤喜一隊長は、階段に座ったままカール・フォン・クラウゼヴィッツの『戦争論』[4]（一八三二―三四年）の数行らしき言葉を一人でつぶやいている。会議の席に戻り、三機のヘリによってレインボー・ブリッジが破壊されたことを知ってざわめく警視庁幹部に向かって「だから、遅すぎたと言っているんだ！」と叫んだ後藤の顔は、絵コンテでも指定されているとおり、まぎれもなく犬のものだった。まるで、おじいさんとネロに家賃を迫る知り合いにパトラッシュ（『フランダースの犬』）がしてみせたような怒りの犬の顔が、すっかり後藤に貼り付いていたのだった。

　後藤は命令を聞く「よく訓練された犬」であるはずだった。しかし命令をする主人がバカで無能で、あるいは命令を発する組織が度しがたい官僚制と事大主義におかされた「鉄の檻」（M・ウェーバー）だった場合にはどうだろう。彼は主人に逆らったことがある。彼の過去の裏設定にある「警視庁公安部」との政治的暗闘がそれである（OVA版[5]にはこれに自衛隊クーデター集団との縁が加わる）。後藤の昼行灯ぶりは牙を抜かれたふりをしてくだらない日常をやり過ごし、火の粉を払うシニシズムやニヒリズムに貫かれている。

「なぜだか知らないが、それをしてしまう」のがイデオロギーの定義なら、「くだらないことと知っていながら、それをやってしまう」のがシニシズムの定義である。そして、これこそが後期資本主義、ポストモダン社会の処世の術であり、また主導的なイデオロギーにほかならない。そう喝破したのは、『シニカル理性批判』[6]（一九八三年）でのスローターダイクだった。この書物の題名には「シニカルな理性を批判すること」と「シニカルに理性を批判すること」という二重にずれたモチーフが込められている。どちらかに決めることが無意味であるかのように、スローターダイクは過剰で多義的な修辞をばらまきながら駆け抜ける。少なくとも、「一九六八年以後」の想像力と思考をえぐり出す映画と書物が同じ一つの身ぶりで出会っていることは興味深い。

　それだけではない。そもそもシニシズムの語源たるキニシズム（犬儒主義）とは、古代の哲学者にして、樽で暮らしていたホームレスたるディオゲネスその人に由来するものだった。スローターダイクは『シニカル理性批判』で、古代と大戦間期、一九六八年以後の三つの時代を意図的に短絡させることによって、シニカルな理性とそれへの批判をおこなってみせる。スローターダイクはドイツのポストモダン状況でよく読まれ、実際、ドイツの戦後民主主義（ハーバーマス的理性）を愚弄し、別の生き方（オルタナティブ）の困難を明らかにしてみせた。

　その議論で、犬儒主義は二つに分岐する。無意味で冷たい官僚制やシステムのなかで、間違ったことや、バカげたことと承知のうえで、それに合わせて行動する態度としてのシニシズムと、そのように結果的にシステムに貢献してしまう行動すべてにノーを突き付ける、より原初的なキニシズムの二つである。しかし、問題の著作を読めばわかるように、この両者は実際には絡み合い、簡単には分けられない。スクウォッター（空き家占拠者）やアナキストの日常生活のなかでの「何もするな」というスローガンで「犬の口輪」をはずしたいという欲望が語られるが、まさにこの同じ世代の人間のなかには見事にシステムに適応している者たちもいた。オルタナティブな生活を送っている人間と同じだけ、当の管理社会、資本主義のシステムのバカバカしさを自覚しながら。

スローターダイクは古代の犬人哲学者にパンク的な身ぶりを見いだす。樽のなかで暮らし、マケドニアの大王もおそれない哲学者、持って回った深遠な問いに対しては、身体の言語であるマスターベーションで答えるような「犬人」に、彼は対抗文化やサブカルチャー的なスタイルの政治の先駆者を透かし見る。圧倒的に楽しげで、豪奢に生きているすっからかんの貧者を。

ディオゲネスの風貌や彼が当時のアテネ社会に及ぼした影響について、今日のわれわれには詳しいことは分からないが、ヒッピーやフリークス、旅芸人、都会のインディアン運動など現代の様々な現象からして、いくらか想像がつかぬわけでもない。とにかく野放図で愉快、それでいてなかなか如才ない男だったにちがいない。キニクの徒、キニカル人間と言えば古代以来、無一物でなくてはならぬということになっている。(7)

だが今日、日本のラディカル思想の文脈では、シニカルであること、ないしシニシズムはなぜか批判されることが多い。しかし、「一九六八年以後」を過去への幻想なしにとらえなおし、またいまの現実に対する過剰同調も振り捨てて、なおかつ批評的かつラディカルであるためには、あっていい身ぶりやスタイルであるように思う。なぜなら、「一九六八年」前後の状況にあって、誰もがそれほどまじめに世界に向かっていたわけでなく、むしろそこでは世界同時的な「祭りの前」ないし祝祭そのものとしての壮大なバカ騒ぎが生きられていたのかもしれないからである。

『機動警察パトレイバー2 the Movie』での後藤と柘植行人という鏡合わせのように位置する二人の「犬人」の行動にも、この微妙な二重の論理がかいま見える。警察組織や軍隊の内部的な抗争や敵対は、押井にとって学園闘争や「一九六八年的なもの」のアレゴリーとなってきた。しかし、ここではその比喩をあえていったん捨ててみよう。「一九六八年的なもの」に憧れたことがあることは否定しない。しかし、それをロマン化して称揚したり、逆にことさらに浪花節と切り捨てることもしたくない。

柘植が起こした疑似クーデターは、クーデターを装ったテロにすぎず、またスペクタクルのかたちをとったテロでもあった。それは実質的な政治的要求をもたない奇妙なクーデターであり、むしろ限定された暴力によって可能とされたバーチャルな革命であり、祝祭のようなものだった。むろん、一方であの作品には戦争状態の恒常性・日常性を明確にするという強い動機があった。だが他方では、スペクタクルや祝祭のかたちをまとった暴力という側面もある。

現実に自衛隊が戦地に送られ、柘植のPKO部隊のように法と装備の絶望的な貧しさと齟齬によって犠牲者が出るかもしれないいまの時点で、『機動警察パトレイバー2 the Movie』に戦争状態の危機と日常の監視／管理の権力の上昇への警鐘を見るだけではなまぬるい。なるべく死者や犠牲者を出さないような時間に設定された、柘植の命令によって開始される「状況」は、あくまでもその事後的な時間のなかでの帰結を本来の目標とするために演出されたスペクタクルの暴力だった。この点で柘植はきわめてシニカルであり、だからこそ「もう少し見ていたかったのかもしれんな」と言い、その街、その国をスペクテイター（観客＝観察者）として見ていようとする。

これに対して、後藤は自衛隊や防衛族議員の間に潜在する陰謀や軋轢を見据えながら、柘植の私的かつ公的なもくろみを読んでいく。自らも命令に従い、規律を遵守しながら、その極限でそうした縛りを解き放とうとする。もともとふざけた「独立愚連隊」としての特車二課もまた、バカ騒ぎめいたお祭りやスペクタクルと任務遂行の区別がついていない連中だった。つまり、やることはやるが、どこか組織や制度に対して本気に、まじめになりきれないシニカルで批評的な身ぶりと感覚を捨てきれない「犬人」予備軍だったことは指摘しておいていい。

どこにも帰属できない野良犬やはぐれ者であるかぎりで連帯し、つながり合う集団、はぐれているということ以外に共通項をもたない者の共同体、それが柘植の部隊であり、また特車二課だった。彼らもまた「犬人」であり、ディオゲネスの末裔なのである。

こうしてキニカル人間は、自分の実存的、宇宙・世界（コスモス）的なアイデンティティを救うために、自らの社会的アイデンティティを捨て、ひとつの政治（ポリス）集団に安んじて所属する心理的な快適さを放棄する。（略）ディオゲネスがその生き様によって周囲の市民たちに示したものは、今ふうに言うならさしずめ〈動物的な水準への退却〉といったところだろう。このゆえにアテネ（そしてコリント）の市民たちは彼に〈犬〉という蔑称を与えた。[8]

このような「犬人」の撤退戦、共通項をもたない者のコミュニティーは別の「解放区」でも生まれている。マンガ『西武新宿戦線異状なし――DRAGON RETRIEVER』は、原因不明の「内戦」や「武装蜂起」によって解放区と通常地域に分断されてしまった東京でのドタバタが描かれている。「ＰＫＦやらなんやらでさんざんオモチャにされた」自衛隊が起こしたものとも、革命勢力が起こしたものともいわれる、このまったく理由がわからない内戦下、主人公の丸輪零は「軍事境界線」である国道十六号を越えて、西武新宿戦線に義勇兵として参加する。結局、やることは戦車もどきを転がしながらスクラップをかき集めることでしかなかったが、まわりの奇妙な「戦友たち」とともに謎の女の出現による事件に巻き込まれていく。[9]

小隊の一員であり、肉体派のルックスでありながら、インテリと称されるキャラであるトメが暇つぶしに読んでいるのが、ミシェル・フーコーの『監獄の誕生』[10]（一九七五年）であることは大いに笑える。[11] ここでも犬の物語は主調音である。特に主人が棒切れを放り投げ、犬がそれを走って取りにいく「モッテコイごっこ」が重要な説話論的な要素となっている。

これはありがちな近未来シミュレーションでも「五分後の未来」でさえなく、やや矢作俊彦の『あ・じゃ・ぱん』を想起させるものの、一九六八年のドタバタとそれ以後のシニシズムのパロディーと片づけられる作品ではない。ここには六八年と「そうはならなかった近未来」というモチーフとは別個に、一八四八年革命、良知力が精魂かけて描き出した『ウィーンの乱痴気』(12)の残響が聞き取れる。

どういうことか? 第一に革命に駆り立てられ、「解放区」の防衛に回される「プロレタリアート」がまったくの愚連隊、ゴロツキ、野良犬同然の連中であること、また第二に彼らが目的も知らされないまま、わけのわからない戦闘に参加させられていることなどを一八四八年革命との接続点としてあげることができる。極め付きは二人の重要キャラクター、第五十八戦車回収小隊長である「カントク」と革命委員会の謎の女「ケイ」が、廃園となった西武ゆうえんちの観覧車のなかでする会話である。(13)彼らにとっては——またわれわれにとっての?——「戦前」の平和と民主主義をくさしながら、スイスの鳩時計を語って『第三の男』のオーソン・ウェルズ萌えしているのは「カントク」である。そう、この西武線沿線はウィーンなのだ。革命を祝祭にしている点で、また反革命へ向けて「プロレタリアート」を犬死にさせかねない無能で、混乱した「解放区」が存在する点で。(14)

知られるように、フロイトは「ある幼児期神経症の病歴より」(15)という論文を複数の追補と合わせて発表した。いわゆる「狼男症例」である。狼男は二十七歳のときに子どもの頃の夢を振り返る。冬の夜、寝室の窓が開き、外のクルミの木に一対ずつの白い狼が六、七匹並んでいる。「彼らは真白で、どちらかと言えば狐か牧羊犬のように見えました。というのは、それが狐みたいに大きな尻尾をもち、その耳は見張りをする犬みたいにぴんと立っていたからです」(16)。狼男の夢では狼は犬につながる連想のうちにある。

たとえば、この立った耳を「猫耳」としてとらえることができるかどうかで、今後のフロイトの読みは変わるだろうか。つまり、フロイトの読者でありながら、「猫耳キャラ萌え」にも反応するような思考の接続平面をもつ人間がいたら、この読みはどう変わるのか。おそらく今日の論者たちは、無意識の自由連想や自覚的な文脈の接続と「萌え」を区別したいだろう。いまやラカン派の理論さえ馴致された（自らを管理の下に置きたがる）自己家畜化動物のアイデンティティの分析と俗っぽい社会評論のたぐいと共存可能となっている理由は、このような必要以上に過去の理論パラダイムと状況からの切断と断絶を強調する、これまた過度にマーケティング（馴致）された感性と態度に由来する。

しかし、狼男の連想を両親のセックスの目撃という「原光景」に解消することなく、あらゆるものが部分対象として接続しうるようになるというヴィジョンは、精神分析の核心（ハードコア）をその彼方にまでもっていくことになるだろう。つまり、狼のピンと立った耳の形に両親のセックスを連想するとき、「狼男」はたしかに無意識に一歳半の頃の記憶によって一定の物語にはめられていた。だが、オイディプス的な垂直軸と、物語的な――お望みとあればイデオロギー的といってもいい――還元の宛先をもたない「萌え」は絶対に連想とは異なるという立場があるとすれば、逆に「連想」や「接続」から完全にオイディプス的な関係やしがらみをはずしてしまうような精神分析の彼方、向こう側が存在する。それはもしかして「映画の向こう側／彼方」であって、アニメと3Dの間を右往左往しながらハリウッド（帝国）への無意識の闘いを続行する作家の姿にも重なってくる。

2　リトリーブの政治学

ここでもう一つ大事な点は、フロイトが「狼男症例」の考察で、心のなかで言語的に分節可能な知覚記号、言語表象が、いまだ言語になっていない事物表象で再現されると考えたことである。フロイトは知覚が表象のなかで再現されたときにはじめて現実が生じると考えたが、これはまさに心的現実だけでなく、映画的な現実にもあてはまる。この点でもやはり精神分析と映画は同年齢なのである（一八九五年はリュミエール兄弟による『ラ・シオタ駅への列車の到着』が上映され、フロイトとヨーゼフ・ブロイアーの『ヒステリー研究』[17]が発表された年である)。言語化されない、言語によって分節化しえないものは、映像／イメージのかたちで、あるいは像のなかのモノ(事物)として現実にとりつく。そのことによって現実はイメージの運動に補完されている。というより、この補完と代補のはたらきを、人間は苦しまぎれに現実と呼んでいるといったほうがいい。

このことをマンガやアニメを読む／見る文脈でいえば、モノやイメージ、言葉の表面に互いに短絡回路を作るときに、はじめて心(ゴースト)的にしてバーチャルな現実が開かれる、となる。あるシーンを見て別のシーンを連想するわれわれ、あるサンプリング音やビートを踊り倒す瞬間に別の音源が耳に鳴っているわれわれは、ほんの一瞬だけ「人形遣い」の乱交《オージー》に参加、接続し、草薙素子に出会っているのである。

そもそもドゥルーズ&ガタリがやろうとしていたことの過剰さは、こうした潜勢力あふれる概念と(欲望の)部分対象の接続と切断の繰り返しにあり、大衆文化や現代社会の分析に精神分析の概念をあらかじめ環境と市場に適応したかたちで援用して回るような貧しい治療的態度とは端的にすれちがう。フロイトやラカンが敵対や抵抗に値する「父」ではありえない社会で、精神分析を流用することの困難と悲喜劇はここにある。

フロイトは狼男の夢が系統発生的な精神外傷と関わっていて、さらに狼男や魔女、サバトなどの民間伝承ともつながっていることを洞察していたという。狼男の夢は一方では個体の家族の「物語」によるオイディプスの鋳型をはめられながら、同時に他方では民俗や神話、伝説の時間に連なっていた。「パパをちゃんとまねる(まねぶ)ことができないのなら、狼が来るよ」。「家族の物語」(ファミリー・ロマンス)のオルタナティブや代補、補完として民間伝承のなかの狼は、「狼男」という患者の民族的アイデンティティ(ロシア人)に作用している。フロイトは個体発生と系統発生を重ねることで、この「物語」の飛躍と連合をやすやすと乗り越えてしまう。しかし、カルロ・ギンズブルグのように詳細に「狼男症例」を読み直すことでも、ドゥルーズ&ガタリのように狼／動物との接続に焦点を当て直す仕方でも、「狼男」への視線は別の動物、別の存在への関心をかき立てる。言語とモノがショートを引き起こす事態が、「狼男」には生じていたのである。

このモノが、たとえばケルベロス隊のプロテクト・ギアであり、そのマスクの犬の目と口吻だとすれば、どうだろう。

「犬人」はオイディプス関係のなかで狼の夢を見ない。犬は狼に戻れない。そして犬にとりつかれた人間、既成の秩序や因習的な日常を不満とともに生きる犬人、「家族の物語」と自らの社会的（政治的）位置での抵抗／反抗をつねに取り違える犬人は、狼男の夢を見ない。オイディプスの三角形のなかにありながら、犬人はいつのまにかそれをすり抜け、愚弄し、解体してしまっているからである。犬が狼に戻ることがありえないように、犬人も狼にはなれない。狼男は犬人に不安を構成しないのだ。[18] なぜか。それは犬人の反抗がオイディプス関係からはずれている、あるいは締め出されているからである。

かつて自分に命令した主人の変節、その命令者の言葉と行為との齟齬、命令者自身の馴致の規律の不実行への反感はルサンチマンではなく、また単なる反抗、つまり家族的三角形（父／母／子）にもとづくオイディプス的抵抗でもない。ハムレットならまだましだ。父は別の誰かによって殺されて、母はその者にめとられているのだから。ハムレットのような優柔不断や悩みも許されず、宛先や目標のはずだった主人の裏切りに苛まれるのが、「犬人」である。「乾、お前は命令されるのが好きか？　俺は好きだ」、そう語る都々目紅一は、主人に絶望し、主人を見失っていることで「犬人」なのである。

『西武新宿戦線異状なし』の丸輪の場合は、オイディプス的家族とは無関係に、小隊を擬似的な家族とし、ケイを欲望の対象として生きている。主人（命令者）はここではくるくる変わっている。しかし彼もまた決定的な選択・決断をしなければならない。ケイが取ってきてほしいと願う棒切れ（アメリカ軍が日本に置いていたトマホーク・ミサイル）を零はあえて隠すのだから。

犬が「モッテコイごっこ」（持来／リトリーブ）を完全に遂行するのは、主人とのゲームで何度も投げられたモノを拾い届けることを繰り返すうちに、いつの間にか「やりながら規則をでっちあげ」（ヴィトゲンシュタイン）、主人を裏切って、モノを主人の届かないところに持っていく、その瞬間である。「たしかにこの遊びはすごくおもしろいけど、ぼくの棒切れをあの子に渡しちゃって大丈夫かな？」[19]。かつてグレゴリー・ベイトソンが『精神のエコロジー』[20]（一九七二年）で論じたように、動物は本物の闘争（なわばり争いや生存競争）に「似ているけれど同じではない」領域もすでに足を踏み入れていて、「これは闘いではなく遊びだ」というふうに、闘いの文脈にメタレベルから「遊び」のかたちが被せられるコミュニケーションを萌芽的に獲得している。「ほとんど同じだが異なる」という奇妙な相似については、ロジェ・カイヨワなどシュールレアリスト周辺の思想家たちが、昆虫や動物について半ば動物行動学的に語りながら論じていたことでもあった。この生存には必要ないがどうしても犬がやっておきたいこと、遊びなのに真剣に遂行され、演じられる地平、互いに対立し自らが帰属するところ（分類）からは排除し合っていながら、同時に互いの特異性の萌芽を抱えもち合い、包含し合っているような関係が「モッテコイごっこ」（持来／リトリーブ）には生まれている。これこそ人間が動物的になり、犬が形而上学的になる機械状の（サイボーグ的？）契機である。それは反抗と裏切りの瞬間に成立する主人と犬のゲームであり、「犬人」が内面化しているのは、この関係にほかならない。

　打倒すべき目標への反抗はもはやない。目標にしていたもの、乗り越えるべき何かや誰かが根本的にバカバカしい存在だったかもしれないこと、自分が夢中になっていた革命やら戦争やらが、実は祭りやバカ騒ぎ、ドタバタ、乱痴気状態《オージー》だったことに対する屈折と抵抗がここに生じる。だから丸輪は犬人として、このごっこ遊びを本物の兵器でおこなう。あるいはケルベロス騒乱のさなか、ヘリに乗り込んで国外脱出をはかろうとする都々目に乾は叫んでいたはずだ。「最後まで戦えって俺に、そう命令したじゃないか！」（『ケルベロス 地獄の番犬』）。その言葉は、転向への単純な怒りにもとづくものではなかったのだ。

　都市国家《ポリス》のはざまで、樽を住まいとし、このヴィークル（乗り物）を転がしながら生きることができた「犬人」哲学者はまだ幸せだったかもしれない。主人を望まぬ犬、主人を変えることもある犬、群れからはぐれてもなお主人を待ち続ける、あの犬の悲しい物語が、特機隊（『ケルベロス 地獄の番犬』）や特車二課（『パトレイバー』）といった、あくまでも警察《ポリス》の物語でなければならなかったのは、単純に学生運動や「一九六八年」のアレゴリーのゆえではなかったことになる。
むしろ、合法と非合法、平時と有事のどちらからもはずれていて、同時にその境界線をつねに決定する位置にあるような、権力の埒外と核心が重なり合う点、「犬」と「狼」と「人」とが絶えず交換し合い、可逆的に生成し合っているようなシーンを見つめるために、警察の特殊セクションという設定は必要とされたのである。こうした場面を哲学的にうまく説明しうるのが、ジョルジョ・アガンベンの議論にほかならない。

ホッブズが主権を基礎づけるにあたって〈他の人間に対して狼である人間〉を参照するとき、この狼という語に、狼男のこだまを、またエドワード証聖王の法にある狼頭のこだまを聞き分けなければならない。それは単に、野獣や自然的な生であるのではない。むしろそれは人間と獣のあいだの不分明地帯、すなわち狼男、狼に変容する人間、人間になる狼なのである。それはつまり締め出された者、ホモ・サケルである。(21)

国家が国家たりえ、警察が警察でありうるためには、法や権力に内在するあいまいな領域、動物と人間の間に横たわる不分明な領域が実は先行条件として前提とされている。主人と犬の「モッテコイごっこ」は、ちょうど蜜蜂と蘭が互いを「器官なき身体」として機械状の組み込み合いをおこなうようにこのサイクルを無限に反復する。「犬のおまわりさん」を歌う都々目、少女に「飼われている」都々目の立場、そこにあとからやってきて介入する乾とのやりとりは、まさに家族のような親密圏に、日常の生に浸透する権力の所在を示しているのだ。そして「犬人」どもの警察組織にあって、内部から対敵諜報活動をおこなう秘密結社が「人狼」と名指されるのだから、この権力論や政治論の平仄は見事に合っている。
アガンベンにやや問題があるとすれば、人類学や民族学によって見いだされた聖と俗の両義性という考え方をあまりにも過剰に拒否し、ラディカルな政治性を古代ローマの法制度に還元してしまっている点だろう。たとえば、アガンベンは労働力という視点をとらず、『生の統治』(22)に日常の一切がおおわれていることを指摘し、これを乗り越えようとする。しかし、労働力を商品とするような環境、つまり資本主義経済という条件が、そもそも「生の統治」を要請するという点については考えが及んでいない。アガンベンがいっている「ホモ・サケル」、つまり「殺害可能であるが、聖なるものとして犠牲化しえないもの」という概念は、後期資本主義を、もはやその敵さえいないと宣言し、それどころか自ら「敵」を生産しうる生の統治を手にする「(非)帝国」を批判的にとらえることができるのか。

アガンベンに批判されているジョルジュ・バタイユやカイヨワ（一九三〇年代の「民族誌的シュールレアリスト」、ハンス・ベルメールの精神的同伴者たち）が模範としたマルセル・モースがアンリ・ユベールと書いた偉業『供犠』[23]論によれば、そもそも「聖（別）化された動物しか殺害可能ではない」[24]ことになっていた。この点でもアガンベンの政治思想は、きたるべきラディカルな宇宙論（コスモロジー）を取り逃がしてしまっているのではないか[25]。

資本主義システムそれ自体もまた、つねにスペクタクルと祝祭を必要とする。とすれば、このシステムの根元的な批判のためには、政治学《ポリティクス》と宇宙論《コスモロジー》、抗争と祝祭が互いに持来《リトリーブ》し合うようなサイクルと反復を再び見いだすべきだろう。反復は防御の機制であると同時に、批評の契機でもあるのだから。

こうして「動物になること」（動物への生成変化）は、作動し続ける機械になること、やたらと部分的に接続しまくること、ひいてはサイボーグになることに近づいていく（部分的な接続の全般化は同時に分離や離脱があまねく微分化していく過程でもある）。このことは、あの作家の作品世界だけの話ではなくなっているのだ。

生成変化は、なるべき動物に相当する項がなくても、動物への生成変化と形容されうるし、またそのように形容されなければならない。人間が動物に〈なる〉ということは現実だが、人間が変化した結果それになる動物は現実ではないのだ[26]。

注

（1）森山大道『犬の記憶』朝日新聞社、一九八四年

（2）市田良彦「解説」、ルイ・アルチェセール『マルクスのために』河野健二／田村俶／西川長夫訳（平凡社ライブラリー）所収、平凡社、一九九四年

（3）前掲『紅のメタルスーツ』

（4）クラウゼヴィッツ『戦争論』上・中・下巻、篠田英雄訳（岩波文庫）、岩波書店、一九六八年

（5）OVAはオリジナル・ビデオ・アニメーションの略記。OVAは、VHSやレーザーディスク、DVD、Blu-ray Discといった記録媒体での発売またはレンタルを主とする商業アニメ作品のことを指す。

（6）ペーター・スローターダイク『シニカル理性批判』高田珠樹訳（「Minerva哲学叢書」第一巻）、ミネルヴァ書房、一九九六年

（7）同書一六七ページ

（8）同書一七三ページ

（9）こういうときに神林長平の『戦闘妖精・雪風』（〔ハヤカワ文庫JA〕、早川書房、一九八四年）の深井零を思い出したりすることを「萌え」と言うのか、言わないのか。おそらく言わないと思うが、そういった場合の理論的帰結には興味がある。つまり、データベースに淡々とアクセスする、背後にメッセージを求めない目線で情報と戯れる「動物」が、「物語」や「イデオロギー」にもそのように接するとすればどうなるのか。あるいはデータの表層や平面上に、まさに「物語」「イデオロギー」萌えして、興奮するような「オタクに軽蔑されるオタク」の受け手の場合はどうなるのか、ということは考えに値する。

（10）ミシェル・フーコー『監獄の誕生——監視と処罰』田村俶訳、新潮社、一九七七年

（11）押井守原作、おおのやすゆき画『西武新宿戦線異状なし——DRAGON RETRIEVER』日本出版社、一九九四年、一一二ページ

（12）良知力『青きドナウの乱痴気——ウィーン一八四八年』（平凡社ライブラリー）、平凡社、一九九三年

（13）前掲『西武新宿戦線異状なし』一二八—一三五ページ

(14) 原作者の押井守がこの点にどこまで自覚的であるかどうかは未確認である。しかし、もしもこの接続が当たりなら、作家の懐、引き出しの深さをリスペクトしうるし、あるいはこちらの妄想であっても、このような符合や偶然を生み出すという点でやはり興味深い。
(15) ジグムンド・フロイド「ある幼児期神経症の病理より」『症例の研究』小此木啓吾訳（「フロイド選集」第十六巻）、日本教文社、二〇一四年
(16) 同書
(17) ブロイアー／フロイト『ヒステリー研究〈初版〉』金関猛訳（中公クラシックス）、中央公論新社、二〇一三年
(18) ここで、たがみよしひさのマンガ『我が名は狼』（［Play comic series］、秋田書店、一九八三年）を思い出したあなたは正しい。濃ゆくないオタクの一人としてそういっておく。
(19) 前掲『西武新宿戦線異状なし』二四五ページ
(20) G・ベイトソン『精神の生態学』佐藤良明訳、新思索社、二〇〇〇年
(21) ジョルジョ・アガンベン『ホモ・サケル――主権権力と剝き出しの生』高桑和巳訳、以文社、二〇〇三年、一五一ページ
(22) ミシェル・フーコー著、小林康夫／石田英敬／松浦寿輝編『フーコー・コレクション6 生政治・統治』（ちくま学芸文庫）、筑摩書房、二〇〇六年
(23) マルセル・モース／アンリ・ユベール『供犠』小関藤一郎訳（叢書・ウニベルシタス）、法政大学出版局、一九八三年
(24) 「神の供犠」、同書八五ページ
(25) アガンベンが英語圏で発表されると、やたら彼を引用する英語文献が増えたように、邦訳が出版され、日本でもアガンベンへの言及の機会が増えているのはいいことだが、こうした細部で彼を読むことをしないかぎり、お手軽なタームとして「ホモ・サケル」を援用することは無駄に終わるだろう。
　さらにアガンベン的な議論をある次元で先取りしていたのは、押井守に向き合ったさいの東浩紀である。たとえば、彼の批評家としてのデビュー作はソルージェニツィンの『収容所群島』（全六巻、木村浩訳［新潮文庫］、新潮

社、一九七五―七八年）についての論文だったが、あの作品はひと言もアニメにも押井にもふれていないにもかかわらず、明らかに前掲『うる星やつら2 ビューティフル・ドリーマー』をふまえている。ポイントだけ指摘しておこう。永遠の文化祭前夜（アンテ・フェスティム／祭りの前）の終わることがない日常と「飛び地」（亀の背中はまるで『マクロス7』だ）の世界、絶対に出ることのできない「友引町」は、「収容所群島」の生に接続されていた。逆に収容所《キャンプ》的な孤独にして、集団的に制御される生が日常化していることを潜在的に語っている論考でもあった。「収容所」と「友引町」（あたるたちとわれわれの日常）に短絡回路を作った論者が、後年、再度コジェーヴやスローターダイクを整理しながら、オタク文化と「動物化」について言挙げするようになったことは思想史な評価というより、戦後日本の精神史のひとコマとして興味深い。その後、この著者はモールやコンビニに代表される郊外文化や消費形態をほぼ全面肯定していて、「日常の収容所《キャンプ》化」に馴致した生、監視や管理によって成り立つ社会の生活形態を受け入れている点で、ここでの発想とは百八十度異なり、もはや批評や理論としてここでしている議論とは端的にまったく何の関係もない位置にある。

(26) ジル・ドゥルーズ／フェリックス・ガタリ『千のプラトー――資本主義と分裂症』宇野邦一／小沢秋広／田中敏彦／豊崎光一／宮林寛／守中高明訳、河出書房新社、一九九四年、二七五ページ

第4章

転回のメタルスーツ

1 戦後日本とサブカルチャー

戦後日本のいくつかの思想や文学（批評）と、アニメ／マンガ文化を同じプラットフォームで考えてみる。なぜ、両者を同じ地平で見つめることができるか、そのことを明らかにすることも本章の狙いの一つである。押井守については最後のセクションでふれるが、言うまでもなくそれ以前のセクションもまた押井を位置づける星座、文脈として設定している。

鶴見俊輔や花田清輝などが書いたテクストには、大衆文化やサブカルチャー（映画やテレビドラマ、演劇や芸能など）がしばしば登場する。彼らがそうした文化に権力への抵抗の契機を透かし見ていたことは知られている。ここに文化研究やメディア論／研究の日本版先駆形態を見いだすことは、さほど難しいことではない。しかし、彼らの大衆文化やサブカルチャーへの身ぶりには、それだけにとどまらない過剰さや熱意、関心がうかがえる。この系譜に中井正一や谷川雁を付け加えてもいい。もし、花田がピンピンしていたら、きっと数々のアニメについて語っただろうことは想像にかたくない。また、花田をやっつけたことになっている吉本隆明は、多少ピントのずれは否めないものの、『さらば宇宙戦艦ヤマト 愛の戦士たち』の特攻シーンなどについてまじめに論じていたはずだ(『マス・イメージ論』[1]など)。

サブカルチャーや大衆文化は彼らにとって、単に分析や研究の対象ではなかった。むしろ、それらから何か方法や言葉の戦術のようなものを、彼らは引き出しているのではないか。それは単にレトリックではなさそうである。

たとえば、宮本武蔵など剣客の兵法と批評や文学の文体や所作について並行して書くことは、花田や先輩格の文士だった坂口安吾らには普通のことだったようだから、敗戦直後から現代にいたるまでの論客たちが、もしもいまマンガの『バガボンド』を読み解いたとしたら、といった夢想にさえ容易に導かれてしまう。あるいは実際に、マンガの作家や編集者が様々な小説や評論から発想の示唆をうることもあるだろう。ここにも研究や批評の余地がある。

しかし、この章でやっておきたいのは、『がきデカ』に戦後民主主義の可能性を見いだした鶴見のように、サブカルチャーの断片に文化政治(cultural politics)の希望を直接(無媒介)に見いだすことではない。鶴見の視点を「文化性善説」と見なして整理したつもりになっている社会学者たちの官僚的読解への違和感もある。鶴見がつねに「大衆文化」に抱く希望を共有しつづけてきたことを否定はしないまでも、やや迂回したかたちで、日本の戦後の思想や文学、批評と、アニメ/マンガなどサブカルチャーの交差面を考えてみたい。そして、その迂遠さの戦術は、大衆文化を語る鶴見や花田のなかにもあった。

花田が坂口を論じたエッセーに、「動物、植物、鉱物」[2]がある。ここで花田は先輩格の坂口を『西遊記』[3]の猪八戒に例えたり、坂口自身が好んで引用した講談(大衆文化)のなかの宮本武蔵にふれたりしている。花田得意のレトリックによれば、革命的で前衛的な作家の目は、魂と肉体の分裂を見極め、最後には人間の身体を「動物、植物、鉱物」として突き放してとらえようとするという。大衆文化やメディアを解釈し、分析するだけでなく、むしろそうした文化から何かを引き出してくる批評のスタイルがここにある。

さらに植物や鉱物への偏愛と関心も、その批評のコアになっている。以前にある状態に戻ろうとする無意識の傾向、有機体でのこの側面にはっきり注目したのは、フロイトら、「大戦間期」の思想家たちだった。元ファシストたる転向者、花田の戦後批評の基礎はここから出発した。

第二次世界大戦後の日本の前衛美術、文化運動でも、面白いことに「動物、植物、鉱物」は一種のキーワードになっている。針生一郎は、こうした領域への視線を「サドの眼」(4)（一九五六年）――サディストの目ではない――と呼び、戦後の混乱のなか、様々な管理機構や技術の台頭に振り回される人間と社会を表すアレゴリーとして「動物、植物、鉱物」の三つ組を例にあげている。

そもそも戦中から戦後にかけて、花田や鶴見の流れのパイオニアにあたる中井や、文学では坂口が、巨大な機械やテクノロジーがもつ美ならざる美、見る者に恐れや居心地の悪さを醸し出す側面について語り始めた。小菅刑務所（東京拘置所）とドライアイス工場、戦艦の威容に、何か言い知れぬ「不気味なもの（uncanny）」を嗅ぎ取った坂口の感性（『日本文化私観』(5)（一九四二年））は、メタル／メディア・スーツの想像力に引かれるオタク的オーディエンスのそれとさほど隔たったところにあるわけではなかった。これを戦時中の中井のように「機械美」として定義する／しないにかかわらず、テクノロジーと鋼鉄の機械を身体にまとわせる衣装《スーツ》／外観と見たり、さらには図書館やアーカイブの電子化――中井らはこのことをまだ「電気化」と呼んでいるが――に、巨大な記憶の作用を受け持つ「集団的機構」の到来を予感していた。(6)

メタル／メディア・スーツに魅了されるオタク的感性を指して、即座にこれをファシスト的なものと言いつのるつもりはない。しかし、この感性が総力戦とファシズムの時代、左右両翼の全体主義（レーニン主義やスターリニズムを含む）の時代と状況のなかに起源もしくは醸成の機会をもっていたと考えることは、現在を批評＝批判的にとらえるうえでも無駄ではない。

議論の条件、前提を確認しておこう。第一にすでに大塚英志らも論じていることだが、現代日本を代表するアニメ／マンガ作家の何人かに「左翼からの転向」という枠組みがあてはまること。第二に歴史的に見ても第二次世界大戦前後、マンガや映画、美術などの表現文化の一部が「転向者の文化」だった面があること。これらの点について考えることは、いまという戦時下にあってなお戦いを題材とするアニメやマンガを楽しむ者として取り組んでおいたほうがいいと思う。

2 ファシズムとメタル/メディア・スーツ

ドイツの批評家/思想家であるテーヴェライトに『男たちの妄想』(一九七七年)という長大な二巻本がある(邦訳は法政大学出版局から出ている(7)。ミネソタ大学出版から刊行されている英訳の*Male Fantasies*も参照した(8))。幸い邦訳もあるから、誰でも読むことができる。テーヴェライトはいわゆる一九六八年世代であって、ドイツのメディア理論家だったためにフリードリヒ・キットラーの盟友ともいわれていた。学位請求論文だった本書発表後も、長い間フリーライターを続けていたが、現在はドイツのカールスルーエの芸術工科学校で教鞭をとっているというから、前掲『シニカル理性批判』を書いたスローターダイクの同僚にあたる。

たまに東西ヨーロッパや北米大陸の諸都市で、スクウォッターやハッカー、アナルコ・テクノ(ダンス好きの愚連隊)などの家に居候することがある。複数の人間が共同で生活するそういう家の本棚には、たいてい何冊か「お約束」のように置いてある本がある。テーヴェライトの著作もその一つで、この十五年ほどずっと目が離せない理論家だった。

この大著で、テーヴェライトは一九二〇年代後半のエルンスト・ユンガーの戦時小説や、戦中のナチの兵士や親衛隊の日記などに細かくあたり、目立たない逸話のなかに潜んでいる思想や心理的機制の前提を問いながら、ある種の人間類型を浮かび上がらせていく。ジミ・ヘンドリックスの図版が出されたかと思えば、ナチやスパルタクス団の選挙ポスター、私的なスナップ写真、中国のはがき、『スパイダーマン』などアメリカンコミックスまでが引用される。このモンタージュ的な手法は様々な理論にも行使され、批判理論や精神分析、美学の概念が縦横かつ的確に流用され、ドゥルーズ&ガタリのミクロ政治にもドイツ語圏から見事なアンサーソングを奏でている。その意味で、本章はテーヴェライトの作業を日本の文脈と歴史で拡張する試みでもある。

ただし、すっかり陳腐に因習／制度化してしまった感がある文化研究（Cultural Studies）のように半端な実証を目指したり、文化・政治運動のための指針を練り上げたりするためにアニメやマンガに参照するのではない。むしろ、本章がテーヴェライトを踏襲したいのは、対象となるシーン（これは現場と訳すのではなく、生き方として解してほしい）そのものから概念を引き出して、それを使って分析に回帰する、その身ぶりにほかならない。テーヴェライトは、フロイト以来の精神分析やヴィルヘルム・ライヒの批判理論が両者とも心理もしくは経済への還元主義となっていて、鎧と暴力に引かれていく人間と社会をとらえることも批判することもできないと考え、このことをドゥルーズ&ガタリの『アンチ・オイディプス』[9]（一九七二年）に依拠しながら明らかにしていく。

日本のアニメやマンガが、ほかの表現文化に比べてとりたてて暴力的というわけではない。ただ、すでに述べたように、この文化の表現ジャンルとしての成立、および想像力が「戦時下」に由来するらしいことは、しだいに明らかになりつつある。冷戦下の「低強度紛争／ＬＩＣ（low intensity conflict）（特定地域での小規模な非合法戦闘やテロ）」の時代でさえ世界から戦争が消え去ったことはない。第三次世界大戦、「そんなもの、とうの昔にはじまっていて、今やいかにケリをつけるかだけが問題なのだ[10]」という認識は、押井のようなクリエイターには明確に意識されていた。湾岸戦争（一九九〇―九一年）ののちに発表された『パトレイバー2 The Movie』（重要登場人物の荒川のセリフに引用されている）での押井のこの感覚は、作品発表のあとに起こったオウム真理教事件以降、蔓延した「安全（保障）へのパラノイア」をはじめから乗り越えた地点にあった。９・11がスペクタクルとしての情報操作と心理的攻撃効果をもっていた点で、それは『パトレイバー2 The Movie』で東京に「戦争状態」を演出した柘植行人の作戦と呼応する。

では、いわゆる「テロに対する戦争」の時代、望むと望まないとにかかわらず、誰もがつねに巻き込まれてしまっているような戦時下で、メタル／メディア・スーツへの感覚や想像力の動員、あるいはその誘惑はどのように位置づけることができるのか（日本が「集団的自衛権」を行使するようになれば、いままでとはまったく違った仕方で日本国内、もしくは海外での日本人はテロの目標＝対象になるだろう）。こうした問いは、これまでの意味での政治や社会運動には表向きなんの役にも立たない。しかし、この「無為」や「役立たなさ」（政治的な啓蒙や動員の拒否、表面的な連帯からの孤立）は、戦前と戦時下、おまけに戦後が混交してしまったような現在の日本の状況では、もう一度見つめ直し、問いとして置き直す意味がないわけではない。

『攻殻機動隊』の『攻殻機動隊 STAND ALONE COMPLEX』（以下、『S.A.C.』と略記）シリーズは、まさにそうした複雑な状況を「日常」として描くことに成功していた。電脳時代での一種の劇場型犯罪、模倣犯の連鎖である「笑い男」事件を扱った『S.A.C.』は、その見かけの「非政治性」とはうらはらに、『攻殻機動隊 S.A.C. 2nd GIG』で焦点化される軍事や政治がどこでどのように無数の意図なき連鎖、無意識の模倣と情報論的並列化、つまりはStand Alone Complexを織り成すかの過程を見せてくれる。イデオロギーの向きや位置にかかわらず、つねにいたるところで機能している「戦時下」の政治的無意識の表れのことである。

戦時下をファシストとして生きる男性はなぜファシストになったのか。まず彼らをファシズムに引き付ける不安だが、彼らは何を恐れているのか。あるいは何を希望し、つまりは欲望することで、人は戦争に積極的な姿勢をもつようになるのか。ヘイトスピーチが珍しいものではなくなり、一国の首相が日々、驚くほど無教養かつ反知性的な有事体制を志向する時代には特に考えるべき事柄だろう。

テーヴェライトの著作に「血まみれのどろどろは赤、空白の広場は白、ブラック・アウト、融合は黒である」(11)という言い回しが出てくる。実はこれはナチスの旗の黒白赤の色に対応するものとしてあげられている。ファシスト的男性は、これらに不安と恐れを抱き、その結果としてある「鎧《アーマー》」を手にするにいたる。

第一次世界大戦後に始まった機械による殺戮は、戦車や銃器で人間をバラバラのミンチにし、生きたものすべてを脱差異化の混乱にたたきこんだ。戦場でのどろどろの汚泥や血潮のマッス（塊）も、ユンガーの小説に見られる敵も味方もわからなくなったようなめちゃくちゃな殺戮の混沌と、着弾衝撃による意識喪失（ブラック・アウト）や事後の精神外傷性ショック（フロイト）の闇、そして看護や治療の場の異様なまでの白い清潔さ、何をしていいのかわからなくなる空っぽの空間や広場を、すべて同じように恐れるタイプの男たちがいる。こうした男たちにとって女性嫌悪《ミソジニー》は売春婦への恐怖／憧憬や、吸血鬼やエイリアンへの不安／関心となって現れる。テーヴェライトは、こうした心の機制を「階級」関係の経済にではなく、情動そのものの経済として問う。心の経済、リビドー（生のエネルギー）を左右する視覚表現（ポスターや写真、映画など）が問われるゆえんであり、本章はその分析をアニメやマンガの分析にまで向けている。

この「黒白赤」の恐ろしい混乱になんとか打ち勝つために、苦しまぎれにつかみとられた「もの」がある。男たちは「鎧《アーマー》」に身を包み、集団や機械に融合し、技術体系や組織の系列《シリーズ》と自らを一体化することを夢見た。戦闘の混沌、巨大な都市空間への畏敬と不安は、たとえば、エルンスト・ユンガーによって次のように言い表されている。

ぬるぬるする千の触手を持った不安がわれわれの内に巣くっている。ありとあらゆる筋繊維に吸引する腕で巻きつきながら。不安が世界と自己をどす黒い粥へと溶かしあわせ、そこでは光る点が交互に燃え続けているという絶対的な感情。それはまるで、裸で目隠しをされて断頭台の上で身をよじるかのようだ。(12)

ここにすでに多くのアニメやマンガ、あるいはハリウッド映画で恐怖や危険な対象として現れる「どろどろ、ねばねばしたもの（slime）」や、無数の「触手（tentacles）」の形象が見て取れる。それらは精神医療に使われるロールシャッハ図めいた『新世紀エヴァンゲリオン』の使徒や、ほとんどサイケデリックな幻覚形象や「スーパーフラット」の意匠にも類似した『交響詩篇エウレカセブン』の抗体コーラリアン、果てはあまたの妖怪・淫獣アニメの怪物を思い起こさせはしないか。

戦争が巻き起こす混沌は、人間に嫌悪と魅惑、恐怖と憧憬の二律背反の感情を呼び起こす。太平洋戦争（一九四一―四五年）を経験した両親や祖父母の世代が語る、空襲の夜の空に見えたB29の戦慄すべき「美しさ」は、不安と感覚的動揺がまじった「崇高」という用語を知らなくても、子ども心にも理解できた。

一方で戦闘は無意味な混沌であり、人間を現実から引きはがし、生の方向意識を失わせるような「体験」である。しかし、他方でこの意味の喪失は、恍惚《エクスタシー》＝脱自や充実の「体験」としても生きられる。いささかデモーニッシュなこの認識は、一九三〇年代パリのいわゆる「聖社会学」派の認識でもあったし、戦争の人類学的意味を問うことで、これを「祝祭」の裏面として分析したジョルジュ・バタイユやロジェ・カイヨワが言い表そうとしていた脱差異化や非人称化、そして両義性の問題でもある。「不気味なもの（uncanny, Unheimlich）」が、実は母親（の子宮）や家郷など「最も慣れ親しんだもの（Heimlich）」である、というフロイトの有名な指摘もまさに「大戦間期」になされていて、戦争の現実と連動していた。

同時期に書かれた一連の「メタ心理学」で、フロイトは、戦争が人間の（無）意識にもたらす否定的な効果を問題にするとともに、「大洋的感情（oceanic experience）」の概念に見られるように、すべてが一つになり、自我の境界が失われる「体験」も問題化していた。フロイトの弟子で「オルゴン・ボックス」なる怪しげな装置を駆使して、人間のリビドー（生と欲望のエネルギー）を技術的に操作することを考えたライヒはこの「流れ」を解放的かつ革命的なものとしてとらえていたが、フロイト自身はこうした考え方には否定的だった。彼自身が、その理論のなかで抑圧していた何ものかと、この「大洋的感情」は重なっているのである。実際、ロマン・ロランとの往復書簡でもフロイトは、この概念の重要性を認めながらも積極的には援用しないという立場をとっている。フロイトの精神分析にとって、自己と他者が未分化となるこの状態は「前オイディプス的なもの」として自らの体系の外に放擲されているのである。

「エス（それ）があったところに自我が生起しなければならない」というフロイトのテーゼは、流動的で液体的な流れと、形ある機械的なものを区別しようとしている。ドゥルーズ&ガタリはまったく反対に、無意識の流れこそが機械のように作動しながら欲望を生産していると考えて、両者を一つのものとして理解している。しかし、

「大戦間期」と「前ファシズム期（一九〇七―三〇年）」での支配的な発想は、なんとしてもこの連続的な流れを排除しようとする。

流れをせきとめるダムこそが自我を形作る。無意識の流れ、よどみをせきとめる人工的な構築物なしに自我はない。『続精神分析入門』[13]のフロイトが、自我形成と文化の成立を語るにあたって、オランダ・アムステルダムの水没を防ぐゾイデル海の巨大堤防による干拓事業を例にあげていることにテーヴェライトは注意を向けている（いまもオランダの国土を北海と隔てている、このゾイデル海〔堤防完成で淡水化し、アイセル湖となる〕の堤防が完成したのは一九三二年、ナチの政権獲得の前年だった）。言い換えれば、精神分析は、流れの停止と排水のための構築物だったのである。

このことは『文化のなかの不安』[14]で、フロイトがローマの遺跡のような過去の都市や建築の痕跡を、意識と無意識の関係になぞらえていることから見ても興味深い。精神分析は、自我の境界、またその可能性の条件について語っているが、それはまた集団とその存在形態としての都市や建築、建造環境（built environment）についても、ほぼ同じ論理で語ろうとしていたという点は無視できない。様々な作品の細部を少し思い起こせばわかるように、一連の「メタル／メディア・スーツ」系のアニメやマンガは、それぞれの作家やクリエイターの思惑を超えて、この問いに突き当たっていた。

たとえば『新世紀エヴァンゲリオン』では、絶対的な自我境界こそが人間にも使徒にも共通するATフィールドとして扱われていた。EVAもジオフロント（第三新東京市）も、すべてが未分化、一体化する「補完」から遠ざかる「鎧《アーマー》」であり、同時にそうした全体への「補完」の装置だったと解することができる。EVAの鎧、装甲は、無意識の流れ（自我境界やATフィールドがなくなった状態）を排除しようとし、ジオフロントの第三新東京市は、この都市自体が、この流れ（三度目のインパクト／破局）をせきとめる（否認し、抑圧する）ダムとなっている。

『交響詩篇エウレカセブン』の世界で先住生命体であり星の大地そのものでもある「コーラリアン」（サンゴや

鉱物、植物、ウイルスなどの性質を兼ね備えた生命体）が目指したのも、すべてが一つになり、未分化／非連続の状態、つまり「それ以前の状態に戻ること」（精神分析での快楽の定義）によって次の生命のありようを模索することだった。タイプゼロ、ＬＦＯの原型である「ニルヴァーシュ」（この命名にもフロイトの「ニルヴァーナ原理／快感原則の彼方」がふまえられている）の、ブラックボックス化したオーヴァー・テクノロジーの核心にはコーラリアンが、あるいはそれを基礎にした「魂魄ドライヴ」が位置づいていたことを思い返せば、いかにこの未分化の交感（コミュニケーション）の図式がアニメの物語の無意識のなかに受け継がれているかがわかる。(15)

「恋愛の絶頂において自我と対象とを隔てる境界は消えそうになる」という状態を、フロイトはあくまでも幻想（ファンタスム）として、ライヒのようにこの「流れ」への一体化を肯定的には語らなかった（これは人類補完?、あるいはコーラリアンと人間の種としての存続になぞらえることができる）。しかし、日本のスーツ系アニメやマンガは、すべてが一つになり、「無意識の欲望の流れ」ともいうべきものに一体化する方向と、通常の恋愛での自他の非連続化の志向をつねに重ねて描いてきた。『新世紀エヴァンゲリオン』の映画版のように「補完」による全体化からあぶれた存在／カップルになるのであれ、『交響詩篇エウレカセブン』の最終話のように現実世界の「セカンド・サマー・オヴ・ラヴ」のＥ（エクスタシー）革命を思わせる多幸症的フィナーレを迎えるのであれ、ともに同じ地平にふれている。むろん、『風の谷のナウシカ』や『機動戦士ガンダム』にまでさかのぼれば、大いなる全体への一体化とその挫折という主題は、スーツ系アニメにとってはつねに物語のマトリクスとなってきたことは明らかである。

『攻殻機動隊』の草薙素子の場合には、もう一つジェンダー（女性）という要因が加わるにしても——ダナ・ハラウェイ的にいえば、「女性性」がすでにサイボーグの要件なのだが——、彼女が一貫して自らの義体／鎧（スーツ）と自我（ゴースト）の間で悩み続けた果てに、「人形遣い」という情報／ネット生命体と融合する（映画版第一作）ことで、その不安を解消していたことを例としてあげられるだろう。この場合も、思考戦車《シンク》（兵士的男性の鎧）との戦闘によって、自らの義体／鎧を犠牲にする、放棄するという代償、負債を払っていることには注意が必要である。
フロイトは、文化そのものがすでに人工補綴（prosthetics）であることを洞察していた。『文化のなかの不安』では、人間は文明の補いによって「人工的な仮神」になると述べている。これをふまえて、テーヴェライトは次のように整理する。「文化とは人間の身体に着せられた甲冑である。ところがこの甲冑そのものが欲動の〈動物的〉状態をもたらした張本人であることは、人間には隠されたままだ(16)」。機械と化した人間には獣のしなやかさが宿る。人工補綴としての機械やテクノロジーは、人間のなかの動物性と両立しうる。この人間たちは「自らの内に獣が棲んでいると感じる者」なのである。

新しい人間とは、その肉体が機械と化し、その魂が消去された人間である。魂の一部は身体の甲冑に吸収され、一部は〈猛獣のような〉しなやかさに変型したのかもしれない。ここにいるのは、時計で時刻を計り、北の方角を知ることができ、焼け付く機銃を死守し、音もなく鉄条網を切るロボットである(17)。

この鎧／スーツは人間のなかの動物性をかき立てる。動物性というより、この場合は野獣性といったほうがいいのかもしれない。ただしこれは馴致された家畜の動物性を保っている。つまり、軍隊や学校、企業で訓練（ドリル）を受け、規律を守り、規範に同一化することによってはじめて生まれてくるような野獣であるかぎりで、この野獣は「ポスト歴史的なスノッブ」（空虚な形式と戯れる文化に馴致されきった動物）になることもあれば、同時にそうした均衡を破壊する野獣性をもつこともありうる。
たとえば、ごく一部のオタクやネトウヨ（ネット右翼）の粗野で屈折したナショナリズムのうちにオタクが放棄したはずの「実質的」な攻撃性や男性誇示性が「妄想」や「脳内補完」のかたちで渦巻いていても不思議はない。もっともオタクには自意識の産物にすぎない「気取り屋《スノップ》」という要素はない。この論点は、コジェーヴが抱いていた「茶道」や「能」「切腹」……といった文物へのオリエンタリズムの効果をまるごと無視しないことには成り立たないからである。ＥＵやＧＡＴＴの前身を立ち上げ、一九三〇年代にはバタイユを含めそうそうたる面々にヘーゲル哲学の講義をおこなったロシアの元スパイ（コジェーヴ）による日本旅行の土産ともいうべき、「日本的スノビズム」という名の文化本質論やオリエンタリズムに付き合う気持ちはとりあえずない[18]。しかし、コジェーヴが指摘する「内容のない形式」「純粋な空虚にすぎない見かけ」と永遠に戯れ続けるかのような心性が、不変の本質ではなく、すでに一定の歴史をもつオタク文化のなかに醸成されている点については注目しておいていい[19]。

「この新しい人間はしごき機械が実際に生み出したものであり、女の助けもなければ、両親もなしに生まれた」[20]。ここで「しごき機械」と訳されているのはdrill-machineのことで、練習や訓練を強制する機構やテクノロジーのことを指している。部隊であれ、兵器であれ、規範を組み込んだ技術体系や装置と一体化するように自らを変形（転向）させるのが、「新しい人間（ニュータイプ？）」としてのファシスト的男性である。ドゥルーズ＆ガタリの主張によれば、無限に欲望を生産する無意識も孤児だが、このファシスト的男性にも両親がいない。

実際、イデオロギーとしてファシズムをとるかどうかに関わりなく、フォード主義体制に動員された二十世紀人は、ほとんど潜在的にはこの人間類型を生きてきた（一定程度、女性というジェンダーもこの罠にはまることがありうる）。フェミニズムのテーゼを反転させていえば、たとえ平時であっても男／人間は戦争のテクノロジーとメディアによって「男にさせられる」。そのドリル（訓練／しごき）の練習場として、アニメやマンガが役立っている可能性を無視することはできない。もちろん、この視点は、暴力的な戦闘や残酷なシーンを含むアニメやマンガを見ていると好戦的な人間になるといった素朴な視角とは根本的に異なっている。

問題は、「ポスト・フォード主義」の時代、つまりテクノロジーが物理的機械から非物質的な機械やメディアに移行する社会でも、この枠組みが「ミクロ・ファシズム」のモデルとして持続しうる、という点である。いわゆる９・11以降の状況にあっても、こうした鎧を志向する「兵士的男性」は、形を変えて延命している。それはときに「戦闘美少女」にもなりうるし、右翼やナショナリストだけでなく左翼でもありうるだろう。この「皮膚

／表面」を自我とする人間が闊歩するミクロ・ファシズムを問題にする場合、左右のイデオロギー区分は無意味になる。少し長くなるが、テーヴェライトの次のような総括はわかりやすい。

彼ら男性たちの〈自我〉が、身体表面へのリビドーの備給を通じて、内側から形成されえなかったとすれば、また数々の同一化を経て形成されえなかったとすれば、彼らの〈自我〉はおそらく外側から皮膜のように被せられたものにちがいない。ぼくの推測するところでは、彼らは外部の審級が加える攻撃による苦痛のために、身体表面への備給を余儀なくされたのだ。ここでいう外部の審級とは、体罰を与える両親であり、教師であり、親方であり、仲間内のビンタの上下関係であり、軍隊である。それらは境界の実例を示すことで男たちに身体表面の存在をたえず銘記させる。その結果、制御し、職分を果たす身体の甲冑が彼らの皮膚を覆い、甲冑に類似したより大規模な周縁を持つ構造物にぴったりと身を当てはめる肉体的能力が作り出されるのである。だとすれば、身体の甲冑こそ彼らの自我だということになろう。[21]

自我と身体はイコールではないが、自我は身体の感覚に由来する。それは心的機構の表面であり、また身体表面への心の投射とみなされる。言い換えれば、この表面としての自我は、心理的なものと生理的なものとが未分化となるぎりぎりの場、閾《いき》なのである。この「表面」「第二の皮膚」は、個としての自己を形成するだけでなく、社会そのもの、その政治（的身）体（body politic）をも形象化する。自然法思想もロマン主義も、政治体を巨大な怪物（リヴァイアサン）や人工人間（artificial man）として表象してきたことは、この点からすると不思議ではない。政治とその代表機能（代補、補完、補綴）についての歴史はサイボーグの軌跡であり、義体の思想を育んできたのだった。この意味でファシズム／兵士的男性の神話的な自我と鎧は、近代の啓蒙的理性そのものに内在している。

さらにこの引用部分で、周縁（ペリフェリー）という言葉が、表面や皮膚、鎧を指示するために使われていることに注意したい。この言葉は、空間論や都市論でも決定的な文脈で使われる。いわゆる都市の周縁部、郊外に形成される区域のことを、普通、ペリフェリーと呼ぶ。実際、パリの中心部を取り巻く環状高速道路はこの名で呼ばれていて、二〇〇五年に移民の若者による暴動が起こったのもこうした区域である。まさに都市もまた、内と外を区分する境界、周縁部をもっていて、むしろこうした空間がそれぞれの都市の性格を規定している（アニメ『ブレンパワード』では、宇宙から飛来した生きた巨大建造物・オルファンに自らを保護するための「抗体（アンチボディー）」としてグランチャーと呼ばれる人型の機械状有機体が配置されていた。そこでは個と集団、都市空間での「周縁／鎧」がはからずも的確に表現されていたことになる）。

この自我としての甲冑、都市空間ならば「壁」がどうしても避けていたいもの、外部に放擲したいもの、それは「洪水」や「火星からの侵略」「プロレタリア」「ユダヤ人の蔓延させる梅毒」「エロチックな女性」などである[22]。なぜなら、これらは「ファシスト／兵士的男性」、つまり鋼鉄の甲冑に引かれる者たちにとって、あの「どろどろ」と「ねばねば」の非連続の粘液（slime）を思い起こさせるからである（ジャン＝ポール・サルトルのベストセラー小説『嘔吐』[23]〔一九三八年〕での「ねばねばしたもの」についての着想も、大戦中のサルトルの経験に由来するといわれている）。

泥、粘液、粥状のもの――みずからの身体で、その縁ぎわの、男が脆く崩れはじめようとしているところにそれが生じる。卑怯者もそこに生まれる。後方部隊、平和思想。さまざまの利害、ブルジョワ根性、安楽を求める性向、危険を伴わない享楽、吐瀉物、ズボンへの粗相[24]。

しかしこれと反対に、全体に同一化することを拒む者、固まったモル的な状態を集団に求めない有象無象も存在する。こうした者たちは、逆に自らが「飛び地あるいは周縁」にとどまることを望み、それを同一性（アイデンティティ）の根拠にしようとせず、この境界、皮膚としての自我を強化するというより、しなやかに流動するままにしておこうとする（マンガ『リヴァイアサン』での三溝耕平やその仲間たちを想起されたい）。ドゥルーズ&ガタリによる「ぼくたちは君たちの一人ではない、永遠に下等な種族であり、動物であり、ニグロだ」というアジテーションは、「表面としての自我」を最大限に開放状態に置くことを求めている。

個としての人間と、集合としての社会／都市を横断するこの機制に微妙に気づいていたのは、歴史上、錬金術師だったとテーヴェライトはいう。権力者が地下資源というかたちで希少金属を「大地の身体」から収奪していたのに対して、錬金術師たちは黄金を生命の内部に求め、金とは自分たちの情動が高貴に変成したものだと解釈した。「彼ら錬金術師の甲冑はおそらく文字という形態をとっていた(25)」

錬金術師たちは、バラバラの欲動の動きを自我にまとめあげる鎧の中身が空っぽであることを知っていた（ちょうど『鋼の錬金術師』のアルフォンス・エリックの魂が空っぽの鎧に文字で定着しているように）。表面や皮膚、鎧が自我を形成するということは、その境界の内側には何もない、空無（void）でしかないという認識であり、「生気の剝奪《デアニメーション》」と「魂の抜き取り《エントゼールング》」こそが自我を構成する論理であり、また逆説なのである。ここに、スーツやロボット、義体がなければ、自我をもつことができない主人公たちが対応する。

この「鎧」によって／から抜き取られる魂《ゼーレ》と聞けば、『新世紀エヴァンゲリオン』での対使徒防衛組織NERV《ネルフ》を統括する秘密結社の名が頭をよぎる。実際、設定によれば、その盟主はアーリア人であり、エヴァ世界での「ゲルマン・パラノイア」を支えている（『ラーゼフォン』であれ、『銀河英雄伝説』であれ、なぜか「ガミラス帝国」や「ジオン公国」にいたるまで、日本のアニメはこの奇妙な心的強迫にとりつかれてきた）。なるほどアニメやマンガでドイツ軍の意匠が好まれるのは「オタク」のお約束だろう。では、その起源はどこにあるのか。軍事マニアがアニメやマンガを楽しみだしたのか、あるいは『うる星やつら2 ビューティフル・ドリーマー』の学園祭模擬店「第三帝国」が先鞭をつけたのか。もちろん、うわべの政治的イデオロギーをうんぬんすることに意味はない。ドイツ的なものへの感情の複合（コンプレックス）は、それぞれが独自な現象（スタンドアローン）だったとしても、無意識の欲望の生産や交通では重なっている。

中身がない人間、機械やメディア、テクノロジーによって自らを拡張しながらも、内面や意味は問われない人間、前ファシズム期や「大戦間期」はそのような人間類型を作り出した。情報社会の人間類型であるオタクにはこれと重なる部分が多くある。ポスト歴史的な「無意味への耽溺」は「日本的スノビズムとしての動物」という以上に、環境にはめ込まれることで動員される動物だったのだ（この点、ユクスキュルがやはり大戦間期に、動物と環境世界〔Umwelt〕の関係を語っていて、この概念がハイデッガーの『存在と時間』(26)〔一九二七年〕の現存在という概念にも影響を与えている）。

いずれにせよ、テーヴェライトが指摘したこの抜き取られた魂《ゼーレ》は、一つの鎧から別の鎧へと移行が可能である。『攻殻機動隊』シリーズでの義体のなかのゴーストや、『鋼の錬金術師』のアルフォンスの鎧に定着した魂、あげくは生命体がもつスピリット（『マクロス7』ではアニマスピリチアと呼ばれていたはずだ）にいたるまで。魂を鎧が包み込むのではない。鎧が与えられて、魂そのものが、ひいては身体（性）が見いだされる。少なくとも、この発想のなかに多くのスーツ系アニメの前提がある。

ここであげた一連の接続と連合（連想）は、はじめは消費／受容行動のなかのただの欲望生産、あるいは精神分析的な自由連想や「シニフィアンの横滑り」にすぎないかもしれない。アニメやマンガをとるにたりない現象、しょせんは「うわついたもの（ephemera）」と投げ捨てようとするのは、「正しい」批判や政治の立場だったりする。だが、徹底してアニメやマンガのなかの、この表面（スーツ）に寄り添い、自分たちのなかにもいるかもしれない「ファシスト的男性／群衆」を明確にしておくことは無駄ではない。

彼らにとっては文体、つまりは文章もまた、一種の鎧（スーツ）だった。「テキストの中を流れ始めるのは血の流れであり、兵士たちが書くに際しての言葉の奔流である。この瞬間ほど彼らが使命感に燃え、偉大な文学を書きたいと念じている瞬間はない」(27)。ペンやタイプライターが彼らの鎧となり、文章や言語が彼らの「第二の皮膚」となる。ユンガーの小説やナチの兵士の日記は、この視角から読むことができる（同様な兆候は、あとで検討するように、日本の戦後文学にも明確に見て取れる）。

欲望を解き放つのではなく、甲冑と鎧によって堅固に断片化を避けようとする者たち、彼らは感じなくてもすむように、書き続ける。こうした人間、実際のジェンダーやセクシュアリティーに関わりなく「男性化」させられた者たちを、テーヴェライトは「生まれきらなかった者（the not-yet-fully-born）」と呼ぶ[28]。この者たちは国家や世界／宇宙との統一、対応は望むが、もはや家族を必ずしも必要としない。実際、ファシズムは父親の権威、産みの母の地位を利用しながらも、ナチ党や総統、天皇との無媒介の連結によって家族を二次的なもの、ときにはじゃま者扱いさえする。一九三〇年代の日本でも、共産主義者や左派が転向するさいに家族／両親は天皇制に回帰するための方便や手段とされた。しかし、この「生まれきらなかった者」にとって家族はモル的なかたまりや全体性の必須の条件ではない。

ドゥルーズ＆ガタリが持ち出した区分、分子的な群衆とモル的な群衆の区別によりながら、テーヴェライトは全体（主義）的でありながら、動員されたものではない集団のあり方を求めている。群衆が全体的な組織よりも美しく、快楽に満ち、互いに保護し合えると納得できる状況や政治を求める。そう問いを置きながら、彼は半分ぼやくようにいう。「こんな解決策を考える前に、左翼そのものがもういちど分子的な群れへと変身すべきなのだろうが……[29]」

この点、この行間に、テーヴェライトのするどい洞察がある。この悲観とシニシズムこそ、彼自身が主張する状況や政治の構成につながっている。ファシズムや戦争を支える心の経済を徹底して批判する一方で、テーヴェライトの批判は左派にも向けられる。左派の党派も、互いに自分が「客観的なもの」と信じているものをめぐってそれぞれの優位をかけて争い、欲望の多方向の全面的な解放を「資本」のはたらきと等置し、むしろこれを抑圧し、自らの政治的身体の甲冑を強化する。左翼党派内部のリンチや内ゲバも、この「生まれきらなかった者」自身のあり方に由来する（このことは押井のマンガ、実写にわたる『ケルベロス』シリーズに登場する男たちにもあてはまる）。

英雄気取りの男たちは、どこであれ所かまわず、心配げに、教師然として頭を突っ込んでは政治的な隙間風が吹き込んでいないかと確かめる（といってもそれは自分たちが立てた風にすぎない）。そしてここではないどこか別の場所、ソヴィエトか中国かスパルタか南の海かで実現しつつある（あるいはすでに実現した）救済に色目を使い続ける。それほど遠い所ではなくても〈未来〉にすべてをかけることは男たちの自我と男性結社の一機能と見てよかろう。（略）それくらいなら、予測をする者は盲目になる、と考えておいたほうが、まだましなのかもしれない（ベンヤミンによれば、天国から吹く風が未来へと運ぶ新しき天使は未来に背を向けているという。しかし天使は男ではない）。[30]

いわゆる左派もまた「兵士的男性」や「生まれきらなかった者」の不毛な「攻撃的男性性（マスキュリニティー）」をあちこちで反復している。しばしば「革命的ロマン主義」のもとで読まれてしまうベンヤミンの「新しい天使」をここで引いているのは痛烈である。テーヴェライトは「存在」と「生産領域」が別の位相にあると主張する。彼が念頭に置いているのは、経済の革命ではなく、形而上学的であると同時に存在論的な革命、欲望や生の変革である。

ぼくに言わせれば、政治的経済的問題にだけ重点を置くのは、ブルジョア的個人に特有の矛盾、すなわち自己の本性に対して全く無知なままで、自然を計画に基づいて探求し、搾取するという矛盾をいたずらに延長したものにすぎない。[31]

基本的なジェンダー区分の問題化は別として、そもそも男と女を分けても考えることさえ、実はブルジョア的個人／男性モデルに典型的な考え方であって、フロイトもこの罠に落ちていたとテーヴェライトは主張する。だから、彼は徹底して人間の全体性という観念を否定し、それによって人間たちを媒介することも批判する。人間はバラバラで、不埒なまでに多様で、無秩序のままで生きることができる。媒介はバラバラの存在を否認し、かりそめの平等と同化に向けて見えなくしてしまうからである。

　バラバラなものを肯定しよう。多様なもののミクロアナーキーこそを目指そう。このテーヴェライトの発想は、ポストモダン的な断片化の称揚というよりは、むしろ近代の内在的批判のゆえになされている。しかしながら、テーヴェライト自身も示唆するように、こうした社会を簡単に実現することはできない。これは政策的な次元で語られている言葉ではないのだ。

　ファシスト的男性が「メタル／メディア・スーツ」的な鎧を選び取る機制については、このようにテーヴェライトの議論から確認できる。そしてオタク、あるいは「メタル／メディア・スーツ」に引かれるアニメの視聴者のなかにも似たような感性や情動がはたらいていることは言うまでもない。

3　腐食する言葉の鎧

　ここで別の補助線を引いてみる。

　三島由紀夫に「太陽と鉄」[32]というエッセーがある。なぜ三島か。少し考えてみればわかるように、三島の晩年にはひどくオタク的な身ぶりがちらついている。軍服を着込み、私設軍隊結社を率いて、戦後民主主義を否定し、自衛隊や国防論に檄を飛ばす。その悲喜劇的な結末の情景については言うまい。ここでは彼の生の終わりをイデオロギー的に裁断したり、政治的にその意味を査定したりするのではなく、その晩年の身ぶりを端的に「オタク的なもの」として見てみたらどうなるか、と考えてみたい。

　もちろん、すべてをサブカルチャー的なものに還元するつもりはない。むしろこの問いは、ここでも「オタク文化のファシズム起源」という仮説と響き合っている。誰もが気づくように、「楯の会」の制服と結社のありようは、どこかコスプレを思わせるし、そのミリタリー趣味への傾斜はほとんどサブカル的なものにさえ見えはしないか。

詩人・高橋睦郎の言葉だったろうか、三島は「国体（national body politic）」のために死んだのではなく、彼自身の肉体のために死んだのだという。ボディービルディングによって構築された三島の人工的な見かけの肉体は実は存在していなかった。精神だけが肉体の不在に戸惑って、それでも生きていた。三島は肉体を獲得する、あるいは構築するために、国体ではなく、虚構の肉体を極限で経験するためにあのような死（生）を選んだという見立てである。

この「太陽と鉄」については、旅の哲学者とも呼ぶべきアルフォンソ・リンギスも見事なエッセーを書いている。三島とは関係ない論考でもリンギスはしばしばボディービルディングにふれていて、筋肉の鎧、見かけとしての肉体について考察しながら、三島に「表面の思考（surface thought）」を見いだしている。それは自己が表面そのものと化した書き手たち、あるいは書くことやテクストの表面を一種の鎧《アーマー》として着込む者たちの思考のことである。

このエッセーで三島は、言語とは腐食作用だと定義している。言葉は現実をむしばみ、侵食する。このエッチングの作用によって、言葉は現実を抽象化し、悟性（理解）へと導く媒体《メディウム》となる。しかもこの腐食作用は、今度は言葉そのものにも向けられる[33]。言葉が言葉を蝕するからである。普通、言語はコミュニケーションに服する以上、光＝啓蒙の側に数えられる。しかし三島は、光り輝き、無限の贈与を地上に与える「太陽」とは別のそれ、夜の太陽、太陽そのもののなかの暗がり、蝕の太陽を言葉のなかに見いだしていた。この第二の太陽のことを、三島は次のように記述している。

――私はかくして、永いこと私に恵みを授けたあの太陽とはちがったもう一つの太陽、暗い劇場の炎に充ちたもう一つの太陽、決して人の肌を灼かぬ代りに、さらに異様な輝きを持つ、死の太陽を垣間みることがあった。

そして知性にとっては、第一の太陽が危険であるよりもずっと、第二の太陽が本質的に危険なのであった。何よりもその危険が私を喜ばせた。(34)

第一の光り輝く、恩寵と知性の太陽をこの第二の太陽が裏打ちしている。「熱狂という赤銅が、意識の銀にいつも裏打ちされている」(35)ように、不随意の筋肉や内臓の動き、無意識の衝動にこそ、この暗い光は潜んでいる。暗闇に蝕されているがゆえに、その死や破壊のイメージとともに、かえって光のコロナやオーラを明確に見させることもある。そしてそもそも「思考は本質的に夜に属するのではないだろうか?」(36)。三島にとって、思考、そして書くことは端的に「蝕」の経験だったのだ。夜の思考、まさしくこの言い方は、どこかブランショやバタイユなどのように「大戦間期」から全体主義の時代に自己形成を遂げ、人間主体の「非人称化」や「脱中心化」を語った思考の流れと共鳴している。これも三島の文学的嗜好を思い起こせば、何ら奇異なことではない(バタイユについては三島によるエッセーや書評も存在する)。

アルフォンソ・リンギスがいうように、この「蝕」の言葉、言語のエッチング作用によって練り上げられた理想/観念は、身体に対してよそよそしい(異邦な)ものとなる。(37)徹頭徹尾、言葉の側にいる人間として、三島の肉体はどこかよそ/他者の側にあった。そもそも三島自身が、肉体や現実を所有していなかったとまで言い切っている。肉体は自らのものとして認知されていなかった。この三島の実存感覚は義体化されたサイボーグたちやレプリカントのようなアンドロイドが共通して抱いている「自己懐疑」や「不安」に似てはいないか。デカルトが失った娘の代わりに人形/アンドロイドを連れ歩いていたように、三島は自らの肉体を「人形」のように制御しようとしていたと見ることができる。言語の操作に自らの実存を賭けきっていて、肉体はまるで人形のように、モノのように、自己に対してはぶっきらぼうに存在していたのだから。

現実に生きるために、まさにその実存の成立を賭けて、なんとしても三島は「あるべき肉体」を探さなければならず、つまり「現実を仮構すること（フィクションを紡ぐこと）」に従事しなければならなかった。現実を掘り崩し、また自らを蝕する言葉の力を、「絶対に腐食されないような現実の探究」に差し向け、「あるべき肉体」を造形する。[38] この虚実のせめぎ合いと、肉体や身体へのこだわりは、押井や富野由悠季、宮崎駿のようなアニメ監督たちが現代の日常生活に抱いている感覚を思い起こさせる。

この現実と操作的現実のせめぎあいこそ、映画／テレビ双方の『攻殻機動隊』の世界であれば、電脳ハッキングによって「目を盗まれた」サイボーグたちの疑似経験のさなかに起こり、ふりかかってくる出来事（事件〔case〕）ではなかったか。あるいはマンガ『ベルセルク』での「蝕」という設定が、三島の再来と喧伝される平野啓一郎の『日蝕』[39] と重なって見えても不思議はない。平野の作品がマンガの設定をひそかに流用しているから、文学的に価値がないとはいえない。逆にマンガと純文学に共通するプラットフォームを示していること、純文学さえサブカルチャーと共通の地平で受容したり、解釈したりできることをはからずも示唆している点で、時代がかったルビ文体も含めて、平野の作品の意義は小さくない。

ひるがえって、三島は紙に書くこと（代補作用としてのライティング）だけでなく、肉体に刻印し、登記する言語に向かおうとして、まるで自らを義体化するように、たとえば剣道やボクシング、そして何よりもボディービルディングに取り組んだ。「私は、他ならぬ太陽と鉄のおかげで、一つの外国語を学ぶようにして、肉体の言葉を学んだ」[40]。まさしく「身体教養小説／肉体構築のロマン」として、肉体の訓練と書くことはそれぞれ反対の極から重なり合う。

もし私の幼時の肉体が、まず言葉に蝕まれた観念的な形姿で現れたのであれば、今はこれを逆用して、一個の観念の及ぶところを、精神から肉体に及ぼし、肉体すべてをその観念の金属でできた鎧にしてしまうことができるのではないかと考えたのだ。[41]

こうして三島にとって、言葉はメディアであるだけでなく、自らを被う鎧、スーツでもあった（書くこと〔writing〕がそれ自体テクノロジーだと見なすことは、三十年以上にわたってジャック・デリダの基本的な身ぶりでもあった）。この「観念の金属」という言い方は、まさに「メタル／メディア・スーツ」という視角につながっている。三島の文学、あるいはその実存感覚にはアンドロイド的（あるいは人形的？）な契機があり、それは同時にサイボーグ的（あるいは異種混交的）な作用を担っていたのである。

「こうして私の前に、暗く重い、冷たい、あたかも夜の精髄をさらに凝縮したかのような鉄の塊が置かれた[42]」。肉体の言語を学び始め、第二の太陽、夜の思考と慣れ親しもうとする三島は、今度は一般に人々が思考というと深みや深淵を求めるばかりであることに疑問をもつ。なぜ表面ではなく、深みなのか。内界と外界を分かつという境界として表面は見いだされる。しかし誰も「表面それ自体の深み」に引かれない。「形の思想」「表面の思想[43]」は、ただただ健康な肉体や環境、住まいを求める安楽さによってでは求められない。だからこそ、三島は肉体や精神が作り上げる小宇宙を「見せかけの秩序」として、これを打破しようとする。形を変える形、そのような力を生む力を求めて、三島は肉体を鍛え始める。

腐食作用をもつ言葉というメディア・スーツを操る三島に本当に義体や人工補綴が付与されたのではないけれども、彼にとってはトレーニング用の鉄アレイの塊こそが義体（サイボーグ）を擬態する最初の一歩だった。「鉄が私の精神と肉体との照応を如実に教えた[44]」。このように義体へのゴーストのささやきを三島は聞き取っていた。肉体の希薄さ、非存在については、押井が『イノセンス』発表直後になされた筆者によるインタビューで「日本人の身体感覚の不在」として語っていた点であり、押井の発言を文化本質論に送り返さないためにも三島でのこの自覚に注目したい。

肉体の不在、つまり、どこかよそから境界が与えられ、表面が形成されることによって、内外の分節ははじめてそれとして意識される。表面／スーツによるこの境界以前に自己の内面は存在しない。ここで私がサイボーグやメタル／メディア・スーツの側から考えていることを、リンギスは現象学哲学の言葉遣いで、次のように語っている。

物の本質を腐蝕させるために、硝酸のように物の外面に侵食し、表面を通して人の皮膚の輪廓線を蝕み、私たちの内部と外部を分割するあの生きた境界を蝕む言葉が、私たちが切り離されてあることを、私たちがそれぞれにもつ形式を、裏打ちしている。私たちの表面のくぼみを腐蝕させながら、言葉が身体の内的充溢を侵蝕する。(45)

リンギスも指摘するように、ニーチェはこの表面を「最も弱い部分」と呼び、他者との従属／隷属的な関係に生が入り込むのはここからだと考えた。表面によって生まれ、現れた内面は表面に保護されることによってしかそのものとしてありえず、また表面は欲求や要求に関わるかぎりで平均的な生（平等と画一化という鎖につながれた「畜群」や「世間」？）に引きずられる。強力な鎧を／スーツをまとうことを志向する者の根元的な「弱さ」がここにあり、（ミクロ）ファシズムの暴力、日常生活のなかの暴力は、まさにこの反動として生じる。

こうして三島にとっては、その肉体そのものが一種の「メタル／メディア・スーツ」だった。この意味で、『攻殻機動隊 S.A.C. 2nd GIG』の「個別の十一人（individual eleven）」のモチーフが三島の『近代能楽集』(46)（一九五六年）にあることは面白い。不特定多数のゴーストの接続と訪問を受け入れるハブ電脳システムによって、のちに難民のカリスマとなるクゼは、「個別の十一人」ウイルスの操作によって茅葺首相暗殺を実行するが、場所は能舞台のようにも見える寺だった。

神山健治監督によれば、この数字は「実際には存在しない十一番目の三島の能楽台本」からきているという（同時にフットボールのプレイヤー数を表す。これは『S.A.C.』での野球の比喩の敷衍だという）。クゼと三島、あるいはサイボーグ（メタル／メディア・スーツ）一般と文学、サブカルチャーとハイカルチャーが異種混交を起こし始めるのは、たとえばこの点でである。このポイントを、単に称賛するだけではない「読み」を『S.A.C.』の作品世界そのものが要請していた。

そして三島自身もまた、メカニズムの比喩でもって想像力に訴える。「私の夢想がいつか私の筋肉になったのだ」という発言は文字どおりに受け取る必要がある。現実を、さらには自らを蝕する言葉と、その力によって現実を仮構する言葉という両極性を指して、三島はいう。「私のメカニズムは直流発電機から交流発電機に成り変わった[47]」。三島のなかの小さな変身、変形である。

この両極性、自己のなかの対立と矛盾は、「文武両道」という紋切りにまで翻訳される。「文武両道、武とは花と散ることであり、文とは不朽の花を育てること」、すなわち文、ひいては文化はつまるところ「造花」だというのである[48]。よく指摘されるように、「文化防衛論」での伊勢神宮についての記述でも三島は、コピーがオリジナルを乗り越えていく面を積極的に語っている。虚妄によって実質を取り換え、形に翻案することで生きる、だからこそ肉体を鍛え、書くことをやめない。

「私は鉄を介して、筋肉に関するさまざまなことを学んだ。(略)筋肉は、一つの形態であると共に力であり、筋肉組織のおのおのは、その力の方向性を微妙に分担し、あたかも肉で造り成された光のようだった[49]」。ここで三島が強調しているのは、いわば、「力が形態を作り、形態が力を作る」バイオモルフィックな変容にほかならない。それはまるで光のエーテルのように、もはや対象や内容を必要としない。「そして形態自体が極度の可変性を秘めた、柔軟無比、ほとんど流動体が一瞬にえがく彫刻のようなものでなければならない。流動している水の持続が噴水の形を保つように、力の光りの持続が一つの像を描くのでなければならない[50]」

三島は自らをこの「流動性の彫刻」、ないし「人体彫刻」に鍛え上げようとしていた。つまり、文体での彩(figure)は、彼の心身相関的な姿形、精神と身体の縁をたどり、そのことによってやっと自らを人形《ひとがた》としてフィギュアに(形象=形成)できる。三島が軍事オタクやフィギュアのファンに似ているのではなく、そうしたサブカルチャーのシーンで生きるわれわれのほうが、気づかないうちに三島と並列化され、その模倣者となっているのだ。しかしながら、それはあくまでも三島自身にとっては「孤島」だった[51]。三島は自分自身の文体を、受容の文体ではなく、拒否の文体として、つまりは選び取られた「孤島」と感じていたのだった。

私は何よりも敗北を嫌った。自分が侵蝕され、感受性の胃液によって内側から焼けただれ、ついには輪廓を失い、融け、液化してしまうこと、又自分をめぐる時代と社会とがそうなってしまうこと、それに文体を合わせてゆくほどの敗北があるだろうか。[52]

腐食作用を担う言葉が三島にとってメディアだったなら、文体こそ彼の肉体であり、より精確にいえば、義体にほかならなかった。この義体、このスーツとしての文体は、まさにテーヴェライトが指摘した、あの混沌の「どろどろ」(群衆や空の広場、血まみれ、ブラック・アウト……)を避けるための方策だった。義体を環境にただ委ねること、あるいは単に自然を擬態(模倣)することは、三島にとって敗北を意味した。この敗北は、美学的=感性的敗北であると同時に、ファシスト的男性、すなわち「生まれきらなかった者たち」の社会的かつ政治的な敗北でもあった。

すでに検討したように、それは自己と他者の境界を喪失させ、溶解させる交感(エクスタシー)と裏返しになっているような「不定形なもの」への不安や嫌悪、抑圧として現れる。逆にいえば、「どろどろ」や「ねばねば」をおそれながら、それに引かれてしまうところに、二十世紀から二十一世紀にかけての戦争――「総力戦」と「テロに対する戦争」との大きな違いをはらみながら――と、その条件下で生きる主体の秘密がある。だからこそ、三島の闘技的/競覇的世界観は一九三〇年代のシュミットの政治学と同じように「友と敵」の対立に基礎を置く。そして同苦や共感(他人の苦しみを感じ取ること)は、本来、特異化に向かうべき言語表現を普遍性、伝達可能性に開いてしまうのと同断だと否定される。苦痛は絶対に言語によって伝えることができない。同苦は言語表現の敵と言い切る三島は、逆に苦痛と死によって運命と悲劇を共有する戦士的共同体での「個性の液化」[53]を称揚する。その状態こそ、「神聖が垣間見られる水位」とする三島は、戦争の混沌を「内的体験」として解釈した三〇年代のバタイユと、またもやおそろしく近い立場にある。

三島の制服、特に軍服の集団に対するこだわり、またアイデンティティと「仮面」のつながりへの関心は、こういう言語観に裏打ちされていたのである。「かくて集団は、私には、何ものかへの橋、そこを渡れば戻る由もない一つの橋と思われたのだった[54]」

日本が美学化されて表象されるとき、つまり日本文化が国境を越えて言説の対象となるときに長い間「橋」は特権的な形象だった。日本浪漫派は確実にこの点を押さえていたし、三島本人にも「橋づくし[55]」（一九五八年）という二人の芸妓が登場する掌篇がある。歴史的に民族主義とロマン主義は、啓蒙的かつ世界市民的な知性に対する反動として現れてきた。

別の角度での論点も検証しておく。「私は自分の存在の条件を一切認めず、別の存在の手続きを自分に課したのだった[56]」。言葉が存在の条件、表面を形成するメディアそのものであり、同時に現実と肉体を侵食する何ものかであるなら、この存在の条件は個々の主体の実存そのものを侵食している（これも『S.A.C.』でのインタセプター使用や「思想誘導ウイルス」の論理／設定を思わせる）。では「別の存在の手続」とは何か。「存在論」（なぜ無ではなくあるのかという問い）に拘泥する思想（ヘーゲルやハイデッガー、西田幾多郎……）が戦争に加担したのなら、これにささやかに抗い、ここから引き下がるような「存在するのとは別の仕方で[57]」（エマニュエル・レヴィナス）のことか。「別の存在の手続き」、それは三島によると、「言葉の喚起し放射する影像の側へ進んで身を投げ出すこと」であり、自らが言葉によって創造するだけでなく、「言葉によって創られる者に移行すること[58]」だった。言い換えるとそれは、言葉の蝕、理性の蝕を生み出すことに耐え、その表面に踏みとどまろうとすることだった。しかし三島の文体、つまり肉体の代補として機能するスーツ、三島の「人形（あるいはアンドロイド）」的な側面は、この弱い部分を隠蔽し、過剰な攻撃性を見せつけようとする。ある意味で彼はこの境位に踏みとどまったともいえるし、そうできなかったからこそ、あのような結末を選んだのだともいえる。

しかし三島は凡俗のオリエンタリストと違って、単に無や空虚を「伝統」の文脈で称揚するだけにはとどまらなかった。「現在進行形の虚無[59]」を「実質に翻訳する」ところに文学と言語の意義を見いだした。こうして言葉という「金属の鎧」は、制服にも集団にも転移していく。

「楯の会」、それはまさしく共同体であり、小集団であり、そういってよければ、三島の仲間内、トライブだった。この「会」や「サークル」という集団のオーガナイズのあり方もまた戦後の日本の左右の前衛知識人、文学者、芸術家たちの協働を活性化した場にほかならず、またしても一九三〇年代のバタイユら、疑似シュールレアリスト、審美的反ファシスト?たちによる「聖社会学研究会」や秘密結社「アセファル（無頭派）」、ひいては六八年以降の思想や文学のぶつかり合いを体現した『明かしえぬ共同体[60]』（ブランショ、一九八三年）、『無為の共同体[61]』（ジャン゠リュック・ナンシー、一九八三年）を思わせる。「会」および「サークル」「委員会」は、匿名の非人称の声によって思考し、異議提起する身ぶりの作法を与えてくれる。むろん「楯の会」は三島のカリスマによって成立した親衛隊にすぎなかった。しかし、この「疑似軍隊」結成の主眼は、軍事の模倣というよりは、「表面の思考」に踏みとどまり、集団を「橋（メディア）」として使用する視角にあったと見ることができる。少なくともこれは、三島の思考と行動の間に、たとえ偶発的（contingent）であっても照応を読むのであれば、必要な視点である。

いまや誇張ではないことがわかるだろう。スーツやサイボーグが出てくるアニメやマンガを楽しむ者は、三島が生きた（死んだ）この「表面の思考」の過程と身ぶりを知らないうちにすっかり反復している。しかも、光学メディアにもとづくアニメは、言葉の腐食作用はおろか、写真現像のエッチング作用を経由し、いまや電子化された映像処理という「腐食作用」（現実を侵食し、かつ自らの土台を掘り崩す作用）段階にある。昨今のＣＧやモーションピクチャーの技術、いわゆる「実写」映画とアニメを方法的、技術的、ジャンル的に混交させる作品が相次いでいる動向は、あの「腐食作用」の拡張と内破、反復と見ることもできるはずである。

エッセー「太陽と鉄」のエピローグは「Ｆ104」と題されている。三島は航空自衛隊のＦ104戦闘機に乗る機会を得ることで、「金属の鎧」をまとう。すなわち自らを侵食する言葉を超えて、戦闘機というメタル／メディア・

スーツにいきついた。「私には地球を取り巻く巨きな虹の環が見えはじめた。すべての対極性を、われとわが尾を嚙みつづけることによって鎮める蛇。（略）私にはその姿が見えはじめた[62]」

例の「現在進行形の虚無」を、彼は虚空に浮かぶ蛇として見いだした。三島が見た蛇はウロボロスの形をした、宇宙蛇（cosmic serpent）ともいうべきものだった。ただの幻視ではない。肉体と精神が互いに接する極限の敷居、意味を求める深淵とは無関係な「縁の縁」のような、メビウスのリボンのような表面を、高度一万メートルの亜音速飛行のさなかに三島は体感した。相反する要素の極限での合一、普通、思弁的には弁証法の名で語られる契機を、三島は具体的な現象、形として見据えた。

F104、この銀いろの鋭利な男根は、勃起の角度で大空をつきやぶる。その中に一疋の精虫のように私は仕込まれている。われわれの生きている時代の一等縁の、一等端の、一等外れの感覚が、宇宙旅行に必要なGにつながっていることは、多分、疑いがない。われわれの時代の日常感覚の末端が、Gに融け込んでいることは、多分まちがいがない。われわれがかつて心理と呼んでいたものの究極が、Gに帰着するような時代にわれわれは生きている。Gを彼方に予想していないような愛憎は無効なのだ。

Gは神的なものの物理的な強制力であり、しかも陶酔の正反対に位する陶酔、知的極限の反対側に位置する知的極限なのにちがいない[63]。

戦闘機を男性器に例える表現は、俗流精神分析のようにおそろしく安っぽい。だが、ここでの三島の陶酔と熱狂が、アニメやSFのなかの戦車や戦闘機にこだわる感性と近い位置にあることは確認しておいていい。腐食する言葉を「金属の鎧」とした三島は、なおも現実の機械に誘惑されている。驚いたことに、ちょうどテーヴェライトの議論のように、F104の急上昇、Gによって感じる内臓と血液への効果を「肉体の錬金術」になぞらえている[64]。

なるほど三島は自らが、生命が新しい段階に進むさいの「精虫」になっているように感じた。重力の変化が人間の身体だけでなく、思考や心理に与えるはかり知れない影響を考えている点も、どこか『機動戦士ガンダム』世界のニュータイプ論を思い起こさせる。たしかにここでの言い方には、技術決定論やテクノロマン主義のような陳腐さがある。しかし三島が戦闘機に乗って感じ取った「陶酔」に何らかの宇宙的《コスミック》なものを見いだしている点は興味深い。鎧としての兵器をたたえる、という視点よりも先にある地点を、その言葉は狙っているようにも受け取れる。

> 天空に浮かんでいる銀いろのこの筒は、いわば私の脳髄であり、その不動は私の精神の態様だった。脳髄は頑なな骨で守られてはいず、水に浮かんだ海綿のように、浸透可能なものになっていた。内的世界と外的世界とは相互に浸透し合い、完全に交換可能になった。――そのとき私は蛇を見たのだ。[65]

高度四万五千フィートの上空で三島は、「夜の思考」のための自分の書斎と、F104の機体が可逆的なものとなり、相互に浸透し合うのを感じていた。彼は不在の肉体を得たのだ。テクノロジーの鎧としての戦闘機のコックピットで、酸素マスクという「仮面」まで着けてGを、あるいは身体的な実存を感じ取る三島は、オタクやアニメのファンとそれほど遠い感性をもっていたのではないかもしれない。この視点から、作品を含めたその生の終わりを見直すことは無駄ではない。三島の自決をサブカルチャーのかたわらで読み、考えることは不当でも、冗談でもない。

4　転向／転回の想像力

埴谷雄高と三島の対話にこんなくだりがある。右翼思想家の村松剛を挟んでの鼎談のなかでの発言である。

埴谷　出版社には著者があり、著作権があり、個性があり、独創性というものがあるが人類全体が相互感応するようになると、そこに昔ふうな予言者などいなくても、電気が感応したように、一瞬のうちにわかっちゃう。芸術であり、思想であり、コンミュンであり（略）
三島　テレパシーですね。
埴谷　個人のそれぞれが、宇宙中継をうけてる受像器みたいなものになるわけですね。[66]

村松を含む鼎談のこの部分の本当の主題は、芸術家は実際に死んでみせなければならないと主張する三島と、虚構を通して死を提示することが芸術の使命だとする埴谷との激しいやりとりになっている。互いに譲らぬ両者ともに、それぞれの意味で「本気」だったことはその後の歴史と出来事が語っている。

死をめぐる文脈とは離れて、引用した部分を読んでみる。文字どおり、かなり「電波系」といってもいい。どこか同時代のマーシャル・マクルーハンの議論を思わせ、『攻殻機動隊』の世界設定を先取りしているようにも見える。

映画『イノセンス』でも、あるいは『S.A.C.』のシリーズでも、サイボーグたちは様々に「引用」を紡ぐことで考えを語る。素子の言語伝達機能を並列化して、口ベタなほうのバトーがゴーダに向かって延々とスタンド・アローン・コンプレックスを説くこともあった。トグサが英文学や中国思想を引用し、『聖書』やジョン・ミルトンの著作にまであたることができるのも、ひとえに電脳化や並列化のたまものだった。こうした意味で、先の引用での埴谷の想像力は元祖サイバーパンクのようにも見えてくる。個人がそれぞれに受信機だという発想は、チャネリングやスキャニングという範疇で、カルトやニューエイジ運動、ピンからキリまであるスピリチュアリズムさえ思わせる。

そもそも『死霊』[67]という小説にはSFのように読めるところが多くある。少なくとも、そのゴシックロマン的な設定、時代や地域を感じさせない、しかしなお日本のなかに置かれた舞台は、これがリアリズムの文学ではないことを示している。日本人の名字をもつ登場人物たちが、延々と政治や運動、宇宙、生命……について形而上学的な会話を続けていく。合間には日本共産党のリンチ／スパイ事件を思わせる、左翼党派内部の私刑を扱ったエピソードもある。三島に比べて、あるいは若い読者にはなじみがないかもしれないので、少しだけ作家の背景を説明しておこう。

埴谷の本名は般若豊といい、一九一〇年に台湾の新竹で生まれ、中学一年まで暮らした。そこで肉親も含めた日本人肉親による植民地の人々に対する差別も目撃したという。三〇年、日本共産党農民部に所属し、農民闘争のための綱領などを起草するフラクションの責任者となる。三二年に不敬罪と治安維持法によって検挙、起訴され、翌年転向するが、それ以降は経済記者として活動し、四五年、荒正人、本多秋五らとともに「近代文学」(近代文学社)という雑誌を創刊する。この雑誌で連載を始めたのが『死霊』だった。結局、埴谷は九七年に死去したため、この長大な小説は第九章までで未完のままである。

『死霊』はまるでSFのように読める、と書いた。これをさらに敷衍すると、日本近代／現代文学はSFやライトノベルと同じ地平で読むことができる、という視点が得られる。むろん文学的に同じ地平、レベルにあるということではない。戦後文学とライトノベルという、およそ互いにほど遠いジャンル同士が、同じ系列の兆候と物語、意匠を様々に反復し、変奏していたかもしれない可能性についていっている。

たとえば、吉本隆明の『共同幻想論』[68]を、かつての「若者たち」はどれほど深く理解して読んでいただろうか。

「国家権力は幻想である」というマルクス経由のテーゼだけを知っていて、『古事記』の神話や柳田国男の民俗学にふれた本文などまったく読んだことがない者も多かったにちがいない。あるいは東映ヤクザ映画の高倉健にシビレながら、吉本の悪罵のディスコースにはめられた読者も少なくなかったと思われる。一九六〇年代に学生だった著者が書いている吉本の解説本や、絓秀美の『一九六八年』[69]を読むと、このあたりの事情がうかがわれる。

難解で思弁的とされる『死霊』もまた、一風変わったエンターテインメント、実験的なサブカルチャー文学のはしりとして受け取られていた可能性がないわけではない。実際、様々な「会」や「サークル」で、岡本太郎や安部公房、埴谷のような作家は、左派の活動家とも交流し、また同人雑誌では三島や村松のような保守ないし右翼の知識人とも交流していて、そのネットワークについても、左右のイデオロギー配置だけでは内実が見えてこない。

鶴見は有名な共同研究の成果である『転向研究』[70]（一九五九―六二年）で、またいくつかの日本文学の分析で、この点に気づいていたふしがある。このことは彼が埴谷を論じるときに、とりわけ明確になってくる。

一九五九年に発表された『転向研究』のなかのエッセー「虚無主義の形成」で、すでに鶴見は埴谷のことを論じている。本章のこの節は、埴谷の文学を論じるというよりは、それがどのように読まれたかについて考察するものであるが、まさに鶴見は、埴谷の小説が大衆文化やサブカルチャーとして、少なくともそのかたわらで読まれた消息を批評の言葉で語っている。

小説『死霊』について、鶴見は「可能性の海の中の一つの浮島として現実を見る[71]」という態度を見いだす。いくつか並行した世界（宇宙）のなかの「島」としての現実という視点である。全宇宙の歴史を「過誤の歴史」と断じ、一冊の書物だけがそれを是正しうると考えた埴谷は、孤島もまた多くの島々（ネットワーク）の結節にすぎないことを知っていたということか。『転向研究』から何十年ものち、埴谷の死後に書いた「晩年の埴谷雄高――観念の培養地[72]」（一九九七年）の冒頭でも、鶴見は「可能性の海の中の小さい島が、この現実である[73]」と書き、さらに最近の解説「世界文学の中の『死霊』」（二〇〇三年）の終わりでも、「『死霊』でくりひろげられた妄想の中に私自身が一つの浮島としてあるという感想をもつ」[74]と書いている。

現実が大海や宙空に浮かぶ島、ないし浮島であり、それぞれの〈私〉の特異性が島／シマ／なわばりだとしたら？　アニメ『マクロス７』の都市のように、あるいは宇宙に浮かぶ亀の背中の上の「友引町」のように……。さらに鶴見の言い方には、世界や宇宙を「島」のネットワークとして、つまりは「群島」として見つめる視点がある。「アーキペラゴ（archipelago）」とは表から見れば「多島海」だが、裏を返せば「群島」なのだから。

これもよく指摘されることだが、『死霊』には、彼の獄中体験が色濃く反映されている。イマヌエル・カントの『純粋理性批判』[75]（一七八一、一七八七年）やアウレニウスの『史的に見たる科学的宇宙観の変遷』[76]を独房で読み、独自の宇宙論、形而上学、政治批判の発想の基礎を練り上げる。獄中ですばらしいテクストを書いたり、その基本を練ったりした思想家は歴史上多いが、彼もまたその一人だった。「洞窟」「蜘蛛の巣のかかった部屋」「坐者の思想」といった一連のキーワードは、監獄の独房のなかで埴谷が抱いた「無限」への憧憬にもとづいている。元祖「ひきこもり」としてフランツ・カフカの『変身』[77]（一九一五年）が読めるように、埴谷の『死霊』も「ひきこもり」文学として読むこともできる。

酸鼻をきわめる左翼党派内部の暴力、査問、リンチ……、そして権力側が逮捕後に練り上げる起訴理由という「物語」の虚構、これらすべてが、埴谷をきわめて特異な政治思想や社会批判の思想家とし、また世界文学の明かしえぬ担い手の一人としたのである。

「転向」はキリスト教圏の文脈では、「改心」「改宗」「回心」としてのコンバージョンを指す。このことを意識しながらしかし、埴谷は同じキリスト教形而上学から「不合理ゆえに吾信ず」に親しむ。さらに彼の関心は、日本の伝統を超えて、インドのジャイナ教や老荘思想に向かっていった。

埴谷がこれだけスケールの大きい作品を書いた背景には、彼の「転向」経験がかなり意味をもっている。転向は政治や運動だけの問題でもなければ、ましてや「文学的のこと」（昭和天皇裕仁が自身の戦争責任について発した言葉のママ）でもない。普通、転向の定義は「国家権力によって強制された思想変化」とされてきた。そのために、転向は端的に運動からの、あるいは「正しい立場」からの裏切りと見なされてきた。しかし、日本の十五年戦争の歴史の細部のシーンを振り返ってみると、それは大衆（人民や市民、世間といろいろに呼ぶことができる）からの知識人の孤立と大きく関係していることがわかる。

鶴見は『共同研究／転向』、およびよりコンパクトな『戦時期日本の精神史』(78)（一九八二年）で、転向をただの「裏切り」としてだけ見ない視角を提供している。転向を研究し、考えることに価値があるのは、「まちがいのなかに含まれている真実のほうが、真実のなかに含まれている真実よりわれわれにとって大切」だからであり、「まちがいを通して得ることのできた真理への方向性の感覚」があるからだと、鶴見は論じている。(79) これは「転向の共同研究」での鶴見たちの立場にほかならなかった。

吉本もまた、非転向よりも転向を評価しうる場合と文脈があることを緻密に考察し、またこの主張を政治的に批評に応用することもした。『共同幻想論』などでカリスマ的かつ大衆的な人気を得る以前のことである。

吉本は転向の意味を次のように定義する。「それは、日本の近代社会の構造を、総体のヴィジョンとしてつかまえそこなったために、インテリゲンチャの間におこった思考変換をさしている」(80)。ここから吉本は、この点を押さえているかどうかが問題で、手続き上の「転向／非転向」はさして重要ではないという、左派や日本共産党にとってははなはだ挑戦的な見解を述べている。

獄中で転向しなかった者が実際には日本社会の現実から遊離した「転向」者かもしれず、転向した者こそが日常生活と政治状況の絡み合いを確実につかんでいた、という場合がありうる。こういったからといって、「転向」を褒め上げるわけではない。「転向」についての視角自体をコペルニクス的「転回」に持ち込む姿勢がここにはある。したがって、細部での違いはあるにせよ、広い文脈から見れば、ここには鶴見の転向研究とともに「転向」をめぐる批判／批評の「転回」を見いだすことができる。この視角は全共闘運動や一九六八年の出来事を神話化しながら、同時にそれを行為で反復したいと願う精神と姿勢からはかぎりなく遠い。

「大衆からの孤立」が自らの転向論のアクシス（枢軸）だと吉本はいっている。しかし、吉本は大衆への追従、連帯を勧めているのではない。そうではなくて、「大衆からの孤立」に耐ええないことが「転向」をもたらすと考えている。

普遍的な、世界のどこでも通用する「はず」の理論や思想を目の前の現実にあてはめて、あてはまらない場合にその現実や状況を理屈に合わないものとしてまるごと無視して超然とするか、あるいはその現実の「特殊性」(日本社会の封建性や前近代性)に屈するか、転向／非転向のどちらにしてもここには現実の否認、状況からの逃亡がある。圧倒的多数の大衆(消費者やオーディエンス)と自らとの距離をどのように設定し、受容するかという点で、この課題は現代のサブカルチャーや大衆文化の表現や批評、研究に取り組む者にも跳ね返ってくる。

日本の社会や文化での前近代と(超)近代のせめぎ合いに耐えることができないとき、様々な形で「転向」は回帰する。この点を自覚した「批判の転回」は、サブカルチャーや大衆文化の創造／受容のシーンにこそ必要なのではないか。転向が転身の一種だとすれば、それはアニメ／マンガ文化での「変身」や「変形」、ひいてはメタル／メディア・スーツへの拘泥やフェティシズムと連動している可能性について考えるべきかもしれない。

たとえば、一塁手が遊撃手にポジションを変えることをコンバートという。論理的にはこれも転向である。また、ある音楽に入れ込んだり、あるファッションに夢中になっていたりする人間が、別のスタイルに変わることも、それを引き起こす強制力や必然性がどこにあろうと、やはり転向と呼んでもいい。この考え方は、もう二十年近く前に雑誌「思想の科学」(思想の科学社)でデザイン論の柏木博が書いていたと記憶する。極端にいえば、DJが自分の道を極めるためにサイケデリックであれ、メタルであれ、どのようなジャンルにもくくられず、呼ばれないために様々な音楽を渉猟し、複数のスタイルを渡り歩くこともまた「転向」なのではないか。

ただスタイルを渡り歩く、という点だけではない。あるスタイルや意匠に飽き足らなくなるとき、必ずそこには自らの日常、生活世界(文学の転向論では世間や日本的現実と呼ばれてきたもの)との対質や齟齬がある。ここにサブカルチャーのただなかで／かたわらで考えられ、生きられるはずの「転回」がある。

『死霊』での強力な寓意を介した埴谷の政治批判は、「奴は敵だ、奴を殺せ!」というスローガンがつねに政治や運動のなかに潜んでいると見る点に集約できる。今日、まわりを見渡しても依然として政治や運動には同じ論理と似たメンタリティーがはたらいている。プロパガンダやアジテーションの身ぶりにまぎれたヘイトスピーチや、路上での機動隊や公安警察との無駄な挑発合戦などに同じ力学がまま見られる。そうではないカーニバルやフェスティバルの形をとった非暴力の抗議行動やデモが広がっているのは、まったく喜ばしい。ただし、旧来の左翼的な行動様式を全否定し、ピースフルな抗議行動から一切の活動家的身ぶりや左翼を思わせる要素を払拭しようとする奇妙なパラノイアが増進していることには驚く。しかし同時に、非暴力的な示威行動さえも「暴力」や「いやがらせ」と受け取る感性が多くあることもまた事実である。だからこそ自己の内部に、複数の立場から発せられる声を聞いていた埴谷の思考、とりわけその「転向」のかたちと身ぶりに関心がつのる。

鶴見は、比較的近年に書かれた批評で、『死霊』から以下の部分を引用している。この部分は、フロイトの「快感原則の彼方」[81]（一九二〇年）の仮説にもよく似ているし、本章で考察してきたメディア／メタル・スーツの想像力にも近い。

ほら、聞いているかな、虚膜細胞とでも呼ぶべきものなのだ。全体として一つの膜に覆われている俺はまぎれもなく俺という単一の自己存在にほかならなかったけれども、しかし、いいかな、あらゆる地中の無機物が、押せば凹み。はいりこめばもとの状態で閉じるところのいわば粘着的で透明なウルゴム質である俺の膜をつぎつぎと〈透過〉してゆき、さらに、俺の膜ははいりこんだすべてを内包したまま無限大さえへも向かって膨らみ膨らんで膨らみつづけてとまらぬので、つまり、俺はつねにあらゆる他存在でもあったばかりでなく、ついには自己存在にしてまた全存在となりおおせてしまったのだ！　〈他〉がはいりこめばもとのままに膜が閉じ、そして、無限大へ向かって膨らみ膨らんで膨らみつづけた〈全〉がこんどは出てゆけば、これまた、もとのままに膜が閉じたところの一個の〈自〉となり戻ってしまうウルゴム質の俺たちの種族こそ、徒らに苦悩するお前達以前の先住者にほかならなかったのだ！　ぷふい、そこまで覗けるかな、自殺者よ、お前達のなかの哲人とやらが嘗て夢想に夢想しつづけた存在と生の背馳せぬ無垢な黄金時代はすでに遠い俺の時代に確然とあったことを！[82]

事実、この引用の直後に、鶴見は驚くべき主張を書きつけている。「埴谷雄高が、つげ義春、水木しげる、いがらしみきお、宮崎駿、岩明均の同時代人であること[83]」を強調しているのである。おそらく、ここに押井守を付け加えてもいいだろう。一九六〇年前後の日本ではマンガ雑誌「ガロ」（青林堂）の読者が普通に『死霊』の読者だったと鶴見は強調し、さらに『死霊』とレイ・ブラッドベリのSFとの相似まで語っている。この鶴見の発言によって、『死霊』をはじめ近代文学の一部が、あるいは批評や思想の一部がサブカルチャー的に――そしてそれはまだ、あるいは永遠にオタクと対立項を形成しない――読まれていたという視角に一定の根拠を与えることができると思う。

一九五七年のソ連の人工衛星についてハイデッガーが書き残したテクストは有名である。同じ時点で埴谷が、人工衛星は大陸間弾道ミサイルと同じ基礎からなっていて、さらにファラオのピラミッド同様、秘密と技術を「聖なる秘儀」にする神権政治のはじまりと喝破している点も面白い。サブカル、オタク的想像力を知らないうちに準備していた転向者としての埴谷、彼を「堕星＝破局（デザストル）のエクリチュール」（ブランショ）、「コロニー落とし」（富野由悠季）の時代の作家とさえ呼ぶことができるのではないだろうか。『死霊』では「虚体」という奇妙な存在のあり方がいくたびも語られる。高橋源一郎との対談で鶴見は、これは「国体（ナショナリストや右翼が信奉する政治的身体）」の裏面、アンチテーゼだという読み方を提起している。鶴見は転向文学としての『死霊』の彼方に、サブカルチャーとして構造化された政治的無意識があることに気づいていたようだ。

5 偽史への転回

二十一世紀に入って、押井は新しいプロジェクトに着手した。二〇〇六年に発表された小説『雷轟——PAX JAPONICA』という「軍事小説」はその一部である。この小説はそもそも、森ビルからの依頼で作ることになったプロモ的な映像である「TOKYO SCANNER」の初期段階で押井によって書かれた企画書「東京要塞化計画(仮)」から構想された連作小説シリーズ『Pax Japonica』の一部をなしている。

この企画書はすでに一定の歴史、偽史を想定している。年表やサーガの形式で物語を疑似歴史化する方法は、アニメやマンガのなかには数多く見られる。偽史は歴史に付加された「代補」であり、歴史の身体に与えられた補綴にほかならない。いささかものものしい名前の企画書とラフスケッチの内容を要約すれば、そこで描かれる日本の歴史は次のようなものである。

日清・日露戦争から第二次世界大戦にいたるまで、この偽史での「日本」は敗北したことがない。というより、つねに勝ち組の陣営に政治的に乗ることで一種の漁夫の利を繰り返し、はからずも太平洋覇権国家になってしまったのが、『Pax Japonica』シリーズの日本である。この日本は、東京を「空爆する都市」（高速道路のカタパルト化や高層建築の砲塔化）として設計し、おまけにハワイをなし崩しに獲得することで太平洋ににらみをきかせ、ベトナム戦争の泥沼にまで踏み込んでいる。シリーズ第一作たる『雷轟』はベトナムに爆撃をかける航空部隊と空母を描いている。この「偽史」のなかの日本は、最終的に「宇宙へのエクソダス（宇宙移民）」に着手することになっている。南北戦争で南部が勝ってしまったアメリカは、モンロー主義のもとに閉じこもり、数度の大戦でも目立った動きをしていない歴史が描かれる。

凡俗の架空戦記ジャンルとこの作品を分ける点があるとすれば、第一に精確な軍事的・技術的細部への視線が確保されている点があげられる。第二に押井守自身の東京あるいは日本に対する屈折した愛情と、批評的な憎悪ともいうべきものがこの構想の核心を支えている点も、くだらないシミュレーション戦記ものや、ネトウヨたちの夜郎自大な無教養ぶりとはおよそ無縁な地点にこの作品を置いている。

『雷轟』はおよそ勇ましい内容にはほど遠い。ドイツのHe219A2をコピーした五式双戦という戦闘爆撃機に乗る醐堂という名の主人公が、空母・龍驤を舞台に繰り広げる作戦と出来事をプロットにしている。ベケットの芝居をほうふつとさせる名の主人公の視線はシニカルかつ批評的である。作者の押井と同様、「文民統制による限定戦争」が、「戦争の長期化を避けるために介入規模を拡大する」[84]という逆説に関心をもっていて、軍事音痴の官僚制やシステムがもたらす悲喜劇が淡々と描かれている。たとえば、醐堂は上官に向かってまで、次のような私見を披瀝するのだ。

日本という国は戦争にも、勝利にも値しない。オレたちの国は正義の正当性を問うどころか、自前の正義で戦争したことすらない。冷戦構造下における〈太平洋の覇権〉の実態とは、正義なき権力であり、文字通りの覇権にすぎない。(略) 戦争の主体である国家がその尖兵たる兵士に正義を用意しないのなら、兵は自前の戦争を戦うしかない。戦争は拒否しないが、どこの誰とも知れない連中の正義で戦う気はないね。[85]

この醐堂の言い草には、大友克洋と矢作俊彦の名作マンガ『気分はもう戦争』に登場する右翼青年・ハチマキのセリフがこだましている。そう、好きなところで、好きなように自分の戦争をするという、絶対に日本もしくはその社会が経験したことがない次元の戦いへの欲望である。この奇妙な認識というか欲望も架空戦記ジャンルでのそれとは大きく異なる。

押井はなぜ戦争にこだわるのか。軍事オタクだから、という当たり前の答えがあり、しかし同時に軍事オタクがイコール「右翼」や「保守主義者」では必ずしもないことを押井自身の言葉が裏打ちしている。たとえば、この小説の背景解説部分で押井はいう。その言葉は、ちょうどユンガーやバタイユなど一九三〇年代、ファシズムの時代の左右の思想家のそれを思わせ、さらに三島由紀夫的な意味での「戦後民主主義」に対する悪意もしくは批評的アイロニーをはらんでいる。

戦争はあらゆる主観的願望、高邁な理念やイデオロギッシュな空念仏を蹂躙してただ事実のみを現前化させる、その一点のみにおいて平等であり、公平であり、敢えて言うなら民主的ですらある。それを忘れて戦争体験の継承を叫んでみたところで、せいぜいが被害者意識のみを突出増幅させるだけでむしろ有害なだけであろう。非戦の誓いなどと力んでみても、その根拠を人間の善意に求める限り歴史の屑箱に直行するだけであり、人間なるものの値打ちを過大に評価することは過少に見積もることと同様に誠実さに欠けると言わざるをえない。

人間は依然として戦争を必要とする。

そしてその事実を無視しようとする不誠実さには必ず懲罰が下され、自らの血で贖うことになる。(86)

戦争がいいか悪いかといえば、悪いに決まっている。軍隊や国家の勝手で引き起こされるツケを払わされるのはいつも民衆である。にもかかわらず、戦争なき社会の理念を「具体的な方策」なしに理想として訴えていくことで、実際に地球上から戦争がなくなると考えるお人よしもまた、なぜか日本には数多い（ときにそういう立場を教育上、あくまで啓蒙として擬態することはあるけれど）。まるでアニメ『ラーゼフォン』に出てくる、外の世界から隔絶されたまま歴史の進行から取り残された「TOKYO JUPITER」（東京）を思わせるほどである（ご丁寧かつ皮肉にも、この作品では人類が異次元時空からの敵であるムーを迎え撃つ基地は、〈ニライカナイ〉という日本の南島、それも弧の形をした島に置かれている）。

もちろん、アメリカという現実の覇権国家の「抑圧された無意識」――自分では実現できなかった理想――にほかならない「日本国憲法」と「憲法九条」は、実にラディカルな発想に満ちていることは認めておきたい。問題は、その「正義」を担いきる生活世界の条件と強度を、日本人はめったに自前で構築したことがない、という点にある。

たまたま同年代である押井と矢作にどこか共通する部分があるとすれば、おそらくこの問い一つにあるのではないか。彼らは二人とも、近代や「西欧」が一体どのような犠牲と逆説を背負ってその理想を「都市」や「社会」として具現化してきたか、ということにこだわっていて、こうした側面への感性も理解力も欠いている社会や世間、そして政治や運動に、それぞれの作品を通して悪態をついているといえなくもない。

もう一つ、彼らに共通するのは東京という都市に対する憎悪、あるいは屈折した愛情である。この二人は都市生活者であるがために、都市の郊外化——いまふうにいえば「ヤンキー化」や「家畜化」——に耐えられない、というより、見て見ぬふりをして鼻をつまんで通り過ぎる。「農村が都市を包囲する」ことのほうが「いたるところが郊外になる」よりもはるかにましだと考える点で両者には意外に近いところもある。しかし食べ物や飲み物、趣味やスタイルの点では共通点はあまりない。都市について考えることは軍事的リアリティーを無視しないことと考える唯物論的な姿勢でだけ両者は交差しているのかもしれない。

都市についていえば、押井はヨーロッパの「市民」概念がそもそも歴史的に戦争とカップリングしている事実を強調する。軍人と市民は同時に生まれた存在であり、おそらく押井は「マスケット銃が歩兵を生み、歩兵が民主主義を生んだ」という有名な格言を否定しない程度にはリアリストであり、それに見合った妄想／フィクションによって、国民国家主義的な陶酔に向けてではなく、端的な地政学的現実の覚醒に向かって読者／観客に対している。兵站と補給なき軍事行動が無謀で無意味であるように、論理や主張の一般訴求力を欠いた思想は、その理想と意志のありようにかかわらず「カミカゼ」的であり、後先考えずに戦争を泥沼化させた帝国陸軍をまったく笑うことができない。

もちろん、もはや陳腐化した「文化研究」やオールドタイプの左翼であれば、こうした押井の言葉、とりわけその作品は、ネオナショナリズムやネトウヨの文脈で肯定的に消費されるにすぎないと批判、非難するかもしれない。そうした批判を封じるために、ひいきの引き倒しで押井を「左派」の立場から政治的に擁護する気もまったくない。押井の戦争に対する冷静な歴史的・合理的視線を共有しながら、どうすれば具体的にその不可避の悪を最小限にとどめることができるか、という闘いの「言葉の兵站（言説のロジスティック）」に関心があるだけである。

実際、多くの読者やオーディエンスには、作者の意図に関わりなく、『雷轟』は一種の架空戦記として読まれ、また「日本よ、軍事国家たれ」というネオナショナリズムの文脈で消費されることも承知している。そのうえでなお、このプロジェクトの批評的悪意の意義を認めたい。この本の付録の部分で語られている「東京要塞化計画」の核心は、戦争することができる日本／東京を妄想することだが、逆にいえば「加害者である日本」を認識することでもある。この連作構想では「覚醒することが目的で、カタルシスで酔ってもらっては困る」と押井自身もいっている。情緒的・感情的に未来の戦争を論じる態度とは、まったく異なった地点でこの構想が書かれていることには注意したい。そもそも過去、歴史で日本という国家はまぎれもなく「加害者」であり、いまも同じ系列の暴力とむちゃを内外でおこない、あまつさえ近年の内閣は閣議決定による憲法解釈から「戦争をできる国」の領域に踏み込んでいるのだから、押井のこの視角はかつての日本の帝国主義と植民地主義から目をそらさない姿勢と矛盾はしない。「反省」をことさら「自虐」と呼ぶのは単に反知性主義のなせる業である。

この作品や構想を目にして、高校生全共闘だった押井の変節や転向を読み取る向きもあるかもしれない。それこそ笑止というべきである。なぜなら、ここに整理した彼の発想は、「虚構と現実」や「胡蝶の夢」のプロットと並んで、押井が初期から一貫してその作品でこだわってきた主題だからだ。その意味では、ほかのアニメ／マンガ作家たちの多くと同様、はじめから「転向」を「批判の転回」として自前の思想と身ぶりで作品化してきたのが、押井守という作家であるといわなければならない。

東京を「要塞化」したいという欲望は、もちろんテーヴェライト的にいえば、鎧を着ないと満足に人間／都市であることもできない社会への苛立ちの表明でもある。真剣に足下の現実について考えれば考えるほど、それがおそろしくバカバカしく、くだらないものに見えてくるという、昭和の「転向」者がたどったのとほぼ同じ道を、はじめから経験してきたのがメタル／メディア・スーツ系のマンガやアニメではなかっただろうか。押井は三島のようにファナティックに現実と虚構を自らの身体の上で直結させようとはしない。どこまでも現実のフィクション性（幻想性？）をリアルに研ぎ澄まして表現する、という手法をとっている。この前提に立って読まないと、以下の押井の言葉は、左右両翼からまったく見当違いの読まれ方をすることになってしまう。改行が多いのでスラッシュで処理しながら引用する。

日本という国は先の戦争に敗れただけではありません。／負けるべき戦争を負けるべくして負けた――そのことによって真に敗者となり、背負うべきあらゆる責任から解かれ、その意味を考えることすら放棄してしまったのです。／戦争放棄、とはよくぞ言ったものです。／戦争は勝たねばなりません。／戦争に勝つことによって、戦争の責任を負い、正義を問うという義務を負うべきなのです。／敗者の正義に逃げ込む、という安易な道を選ぶべきではありません。／そして日本、および日本人がいかなる道を選んだかは、ご承知の通りです。／この国に戦争を放棄する権利などありません。／負けるべき戦争をそれと承知で戦い、敗れるべくして敗れた国に、戦争を放棄する権利などあっていいはずがありません。／そんな国には懲罰を下さねばならない。／なぜなら――懲罰こそが正義の本質だからです。現実の日本が戦争に値せず、まして勝利に値する国でもなく、むしろ戦争という行為から自身を疎外して生きようとするなら、虚構のなかで不相応な勝者の試練を与えてみよう――そう思ったことが、この企画の発端でした。[87]

負けるべき戦争を負けるべくして負けた日本人（あるいは日本に住む有象無象、そしていまや日々だだ漏れの東京電力福島第一原子力発電所での「負け戦」を知らぬ間に生きている私たち）は、なかなかとどかない理想を、その伝達の困難さを引き受けることなく、空念仏にしてしまっている。イラクに派兵している点からもわかるように、すでに「戦争する国家」になってしまっている日本で、この「空念仏」に生気を吹き込むことは、どのようにして可能だろうか。非武装中立や積極的降伏論は現時点では、もはや／まだ適切な「言葉の兵站」を欠いている。

かつて吉本は、戦後文学は「転向者または戦争傍観者の文学」[88]だと言い切った。似た意味で、日本のサブカルチャーは「転向者または戦争をスペクタクルとして消費する者の文化」だといってみたくなる。むろん、必ずしも非難や批判の意味でだけいうのではない。むしろこの背景と文脈をふまえたうえで、なおもこの文化の創造と受容、表現と消費の対に関わり続け、その意味を考えることが重要である。

「言葉の兵站（言説のロジスティック）」を押さえた反戦／非戦の思想にとって、サブカルチャーに内在する「転向」や「転回」は、こうして皮肉にも豊かな方策＝資源たりえていることに注意したい。

注

（1）吉本隆明『マス・イメージ論』福武書店、一九八四年

（2）花田清輝「動物、植物、鉱物」『七・錯乱の論理・二つの世界』（講談社文芸文庫）、講談社、一九八九年

（3）呉承恩『西遊記』全十巻、中野美代子訳（岩波文庫）、岩波書店、二〇〇五年

（4）針生一郎「再録「サドの眼」」「美術批評」二〇一〇年九月号、美術出版社、一四八―一五五ページ

（5）坂口安吾『日本文化私観』（中公クラシックス）、中央公論新社、二〇一一年

（6）前掲『美学入門』

（7）クラウス・テーヴェライト『男たちの妄想』全二巻、田村和彦訳（叢書・ウニベルシタス）、法政大学出版局、一九九九、二〇〇四年

（8）Klaus Theweleit, Barbara Ehrenreich, Chris Turner, Stephen Conway and Erica Carter trans., *Male Fantasies, Vol. 1: Women, Floods, Bodies, History*,Univ Of Minnesota Press,1987,Klaus Theweleit, Erica Carter and Chris Turner

(9) trans., *Male Fantasies, Vol. 2: Male Bodies - Psychoanalyzing the White Terror*, Univ Of Minnesota Press, 1989. ジル・ドゥルーズ／フェリックス・ガタリ『アンチ・オイディプス――資本主義と分裂症』上・下巻、宇野邦一訳（河出文庫）、河出書房新社、二〇〇六年

(10)「まえがき」、市田良彦ほか『ワードマップ・戦争』新曜社、一九八九年

(11) 前掲『男たちの妄想』第二巻、三九二ページ（Klaus Theweleit, *Male Fantasies, Vol. 2*, p.283.）

(12) 前掲『男たちの妄想』第一巻、三五六ページ（Klaus Theweleit, *Male Fantasies, Vol. 1*, p.243.）

(13) ジグムンド・フロイド『続精神分析入門』古沢平作訳（「フロイド選集」第三巻）、日本教文社、二〇一四年

(14) ジークムント・フロイト『幻想の未来／文化への不満』中山元訳（光文社古典新訳文庫）、光文社、二〇〇七年

(15) ドライヴは「欲動」と訳すことができるし、死の欲動は英語では「デス・ドライヴ」と訳されることがある。死と破壊の極限ですべてが一体化する『伝説巨神イデオン』（監督：富野喜幸、原作：富野喜幸／矢立肇、テレビ東京、一九八〇―八一年）の世界設定で亜空間航法がやはり「デス・ドライヴ」と呼ばれていたのも面白い符合である。こういうところに富野由悠季のほとんど「長島的」ともいえる才能がある。

(16) 前掲『男たちの妄想』第二巻、二七ページ（Klaus Theweleit, *Male Fantasies, Vol. 2*, p.22.）

(17) 同書二二三ページ（*ibid.*, p.162.）

(18) この議論が最初に紹介されたのは、一九八〇年代中頃、パリのポンピドゥー・センター発行の小冊子「トラヴェルス」にコジェーヴの著作中の欄外注が掲載されたときである。これにやや遅れて、浅田彰がこの議論を批判的に紹介した。いずれにしても、パリと東京は数回にわたって、しかも複数の領域でこの元スパイ？に振り回されたことになる。

(19) この視角の限定は、英語圏の研究者たちによる東浩紀の『動物化するポストモダン――オタクから見た日本社会』（「講談社現代新書」、講談社、二〇〇一年）の受容の仕方、読みから示唆を受けている。現時点ではトム・ラマール（Thomas LaMarre）の"Otaku Movement"(in Tomiko Yoda and Harry Harootunian eds., *Japan After Japan: Social and Cultural Life from the Recessionary 1990s to the Present*, Duke University Press Books, 2006, pp.358-394.) での分析が最も刺激的かつ的確である。ただし、ラマールのような発想や読みは、大学や人文主義の

危機と植民地主義や帝国主義の過去と現在から国民国家とグローバル資本主義を批判するタイプの研究者たち――この論集の半分ほどの論者たち――には共有されていない。というか、そもそもそうした研究者は、オタク的な文化を問題にしていない。

(20) 前掲『男たちの妄想』第二巻、二二一ページ (Klaus Theweleit, *Male Fantasies, Vol. 2*, p.160.)
(21) 同書二二六ページ (*ibid.*, p.166.)
(22) 同書二二五ページ (*ibid.*, p.162.)
(23) ジャン゠ポール・サルトル『嘔吐――新訳』鈴木道彦訳、人文書院、二〇一〇年
(24) 前掲『男たちの妄想』第二巻、五九九ページ (Klaus Theweleit, *Male Fantasies, Vol. 2*, p.405.)
(25) 同書二八二ページ (*ibid.*, p.202.)
(26) マルティン・ハイデガー『存在と時間』高田珠樹訳、作品社、二〇一三年
(27) 前掲『男たちの妄想』第二巻、二五四ページ (Klaus Theweleit, *Male Fantasies, Vol. 2*, p.184.)
(28) 同書三四六ページ (*ibid.*, p.252.)
(29) 同書一七六ページ (*ibid.*, p.129.)
(30) 同書五八二ページ (*ibid.*, p.418.)
(31) 同書五八五ページ (*ibid.*, p.420.)
(32) 三島由紀夫「太陽と鉄」、虫明亜呂無編『三島由紀夫文学論集Ⅰ』(講談社文芸文庫)、講談社、二〇〇六年
(33) 同エッセー一七ページ
(34) 同エッセー五一ページ
(35) 同エッセー五一ページ
(36) 同エッセー三一ページ
(37) Alphonso Lingis, *Foreign Bodies*, Routledge, 1994, p.81. (アルフォンソ・リンギス『異邦の身体』松本潤一郎/笹田恭史/杉本隆久訳、河出書房新社、二〇〇五年、一八ページ)
(38) 前掲「太陽と鉄」二〇ページ

(39) 平野啓一郎『日蝕』新潮社、一九九八年
(40) 前掲「太陽と鉄」二一ページ
(41) 同エッセー二四ページ
(42) 同エッセー三三ページ
(43) 同エッセー三一ページ
(44) 同エッセー三四ページ
(45) Alphonso Lingis, *op.cit.*, p.79.（前掲『異邦の身体』一一四ページ）
(46) 三島由紀夫『近代能楽集』（新潮文庫）、新潮社、二〇〇四年
(47) 前掲「太陽と鉄」五四ページ
(48) 同エッセー五五ページ
(49) 同エッセー三六ページ
(50) 同エッセー四六ページ
(51) 同エッセー五二ページ
(52) 同エッセー五三ページ
(53) 同エッセー九〇ページ
(54) 同エッセー九一ページ
(55) 三島由紀夫「橋づくし」『三島由紀夫』（新学社近代浪漫派文庫）、新学社、二〇〇七年
(56) 前掲「太陽と鉄」六七ページ
(57) E・レヴィナス『存在の彼方へ』合田正人訳（講談社学術文庫）、講談社、一九九九年
(58) 前掲「太陽と鉄」六七ページ
(59) 同エッセー七二ページ
(60) モーリス・ブランショ『明かしえぬ共同体』西谷修訳（ちくま学芸文庫）、筑摩書房、一九九七年
(61) ジャン＝リュック・ナンシー『無為の共同体――哲学を問い直す分有の思考』西谷修／安原伸一朗訳、以文社、二

〇〇一年

(62) 前掲「太陽と鉄」九一ページ

(63) 同エッセー一〇〇ページ

(64) 同エッセー九九ページ。ちなみに東浩紀は、神林長平の『グッドラック――戦闘妖精・雪風』(早川書房、一九九九年)のラストについて、次のように書いている。「生殖行為に愛は要らない。天空のブラッディ・ロード、つまり「血の道」に向けて最大推力で突き刺さる戦闘妖精の姿、それは筆者には、風の女王の飛翔というより、人類がジャムの子宮に向かって行った巨大な射精のように見えた」(「「戦闘妖精・雪風」という小説の可能性――鏡像から生殖へ 戦闘妖精の精神分析」、早川書房編集部編『戦闘妖精・雪風解析マニュアル』所収、早川書房、二〇〇二年、八三ページ)。ここで東が三島由紀夫のエッセーを意識していたかどうかはわからない。大事なことは、男性結社的でホモソーシャルなフェアリィ空軍(あるいは前作『戦闘妖精・雪風』の「宗教的=精神分析的=同志愛的な閉域」〔同書八二ページ〕)から脱出するもくろみで、主人公の零と戦闘機の人工知性である雪風が謎の群体知性体JAMに突入をかけるシーンに関して、東がこれを恋愛ではなく、一種の「生殖プロセス」だととらえている点である。ここに愛はない。JAMに愛を教えてやれ、というセリフにもかかわらず、そこには「人間と機械との区別なく、ただ生命の流れがあるような情報論的で生気論的な世界」(同書八三ページ)があるだけだからである。テーヴェライト/三島を敷衍して考えれば、この選択は必ずしも現代的なものでも、新しいものでもなく、端的に平凡な視角にすぎない。この視角は、一九三〇年代のヨーロッパにも、七〇年代の日本にもあったような「生命の流れ」観と両立しうる。新しい情報環境に生きる人間が、そのテクノロジーゆえに根本的に違ったものの考え方をいつも始めているとはかぎらない、という点は強調しておきたい。

(65) 同エッセー一〇三ページ

(66) 埴谷雄高/村松剛「座談会 デカダンス意識と生死観」、埴谷雄高『凝視と密着――埴谷雄高対話集』所収、未来社、一九六九年。オリジナルは、雑誌「批評」一九六八年夏季号。

(67) 埴谷雄高『死霊』全三巻(講談社文芸文庫)、講談社、二〇〇三年

(68) 吉本隆明『共同幻想論』河出書房新社、一九六八年

(69) 絓秀美『一九六八年』(ちくま新書)、筑摩書房、二〇〇六年
(70) 鶴見俊輔『転向研究』(筑摩叢書)、筑摩書房、一九七六年
(71) 鶴見俊輔『埴谷雄高』講談社、二〇〇五年
(72) 鶴見俊輔「晩年の埴谷雄高——観念の培養地」、同書所収
(73) 同論文
(74) 同論文
(75) イマヌエル・カント『純粋理性批判』上・下、石川文康訳、筑摩書房、二〇〇四年
(76) S・A・アーレニウス『宇宙の始まり——史的に見たる科学的宇宙観の変遷』寺田寅彦訳、第三書館、一九九二年
(77) フランツ・カフカ『変身』中井正文訳(角川文庫)、角川書店、二〇〇七年
(78) 鶴見俊輔『戦時期日本の精神史——一九三一—一九四五年』(同時代ライブラリー)、岩波書店、一九九一年
(79) 同書二九ページ
(80) 吉本隆明『マチウ書試論——転向論』(講談社文芸文庫)、講談社、一九九〇年、二八六ページ
(81) ジークムント・フロイト「快感原則の彼岸」、竹田青嗣編『自我論集』中山元訳(ちくま学芸文庫)、筑摩書房、一九九六年
(82) 埴谷雄高「第七章」『死霊』第三巻(講談社文芸文庫)、講談社、二〇〇三年、一六九ページ
(83) 鶴見俊輔「『死霊』再読」、前掲『埴谷雄高』一五九ページ
(84) 押井守『雷轟——PAX JAPONICA』エンターブレイン、二〇〇六年、五七ページ
(85) 同書一三六ページ
(86) 同書一八九ページ
(87) 同書一七一ページ
(88) 吉本隆明「戦後文学は何処へ行ったか」「群像」一九五七年八月号、講談社

第5章

荒野のおおかみ

1 Born to be Wild

本章ではヘルマン・ヘッセの小説『荒野のおおかみ』の読解に取り組む。なぜ押井守を論じたあげくにヘッセなのか。というのも、この小説の主人公と、押井の映画のキャラクターたち――そして押井本人？――の間には、意外にも奇妙な相同が見て取れるからである。それだけではない。まったくタイプが違うように見える表現者である ヘッセと押井守の間にも「大戦間期」「動物」「独身者」……などの表現上の形象が重なっている。日本のアニメを特定の歴史や地域の枠からはずし、単にグローバル資本主義の文化流通の一面としてではなく、トランスローカルな近代性の範例として見つめるために、この対置のなかで考えてみたい。

作者と同じイニシャルのハリー・ハラーを主人公とする『荒野のおおかみ』は、大戦間期の不穏な社会的・政治的状況と、五十歳を超えた作家自身の精神的な危機のはざまで書かれた自伝的にして文明批評的な作品とこれまで評されてきた。この作品の虚実を横断する奔放な想像力とアレゴリーは、作家個人の生、危機の時代の出来事と合わせて、さらに読者を混乱させ、ヘッセを論じる者のなかでも評価が大きく分かれてきた。アメリカ合衆国では一九五〇年代のビート世代によって再発見され、それに続くロック世代にも一部で熱狂的に読み継がれ、小説の題名を名前にしたバンドもきわめて有名である（その代表曲「Born to be wild」はニューシネマの名作『イージーライダー』に使われた）。

五十歳を超えてから仕事の方法や生活の仕方に変化をつけはじめた押井守には、この作品の主人公が重なって見える点がいくつかある。ここで『荒野のおおかみ』を論じる理由である。複数の大きな戦争の間の時代で考え、表現するという点で、この小説が押井の作品と考え方をトランスローカルに見つめるためのプリズムになると本章は考えている。そう、押井の映像と並行して、この小説は読むことができるのだ。小説の個々のシーンを押井のアニメや映像に「脳内補完」することもできる（ただし、その場合、もっとギャグ＝笑いは増えることになるだろうが）。

『荒野のおおかみ』が書かれた時代、いわゆる「大戦間期（ヨーロッパでの第一次世界大戦後の前ファシズム危機の時代）」は、現代を批判的にとらえるときに、分析のプリズムとして有効なのではないか。戦間期、それは当たり前のことだが、戦後と戦前の間である。戦間期を生きることは、終わってしまった戦争の悲惨と愚昧を抱き止めながら、同時に次にくる戦争の破局と暴力を予感することにほかならない。したがって平時に「戦中」を見いだす視線でもある。ある種のアニメや映像は戦争を題材にすることによって、この予感を形にしている。

ハリー・ハラー、「荒野のおおかみ」にはホーム（故郷／家）がない。大きなトランクをさげ、つねに旅をしてはいるが、彼は単なる宿なしではない。帰るべき故郷や守るべき家庭をもっていないという意味で、彼はホームをもたない者（homeless）である。二十世紀初頭のヨーロッパの文学や思想では、この「故郷喪失者」という形象がひんぱんに登場する。この宿なしは、小市民《ブルジョア》の世界と生活を憎悪していながら、きれいに掃除された建物、「テレピン油とシャボンのにおい」に包まれた清潔で礼儀正しい雰囲気を好む。それでいて「平板な規格化された」生活を遠ざけ、「何かをたたきこわしたい、たとえば百貨店とか大寺院とか、あるいは自分自身をたたきこわしたい」（三二ページ）とつねに思っている。宿なし《ホームレス》と小市民《ブルジョア》の間を揺れ動いている自覚が彼にはある。

彼が「学ばなかったこと」、それは「自分と自分の生活に満足すること」（五〇ページ）であり、彼はちょうど後世のビートニクスやパンクスのように「満足しない人間」だった。彼には「事務所、役所、執務室」（五六ページ）といったものがすべていとわしかった。そうした日常での官僚的・制度的・組織的なものは、おしなべてハリーには「兵営（バラック／キャンプ）」のようなものに見えた。永遠の「映画青年」あるいは「学生活動家」である押井守はロック文化とは違った回路で、この「I can get no satisfaction!」を生きていた。派手な親子げんかをしようが家出をしようが、結局は「下部構造」を押さえられている学生活動家の身分を自嘲的に振り返りながらも、あらゆる組織や機構がつねに抑圧する何かへの屈託は失われていない（押井の場合、即自的な政治性やイデオロギーを作品で表明することはないけれど）。ある時期から日本語環境の批評や研究の領域では、この「満足しない」身ぶりはマイナーなものになった。それが全共闘以降のシラケ世代からか、あるいは一九八〇年代の新人類世代からかはわからない。というより、そもそもメディアにラベリングされた世代区分や、たかだか十年単位の「時代」という区切りを信用しないからこそ、二〇年代の小説と同時代の映画作家の比較を試みている。

ハリーのまわりには彼を好む友人も少なくなかったが、孤独や孤立こそハリーが引き受けた運命であり、彼と生活をともにすることは誰にもできなかった。だがハリーは、「全体として愛されることを欲し、だから自分にとって重大な愛を寄せてくれる人たちにたいしてこそ、おおかみを隠すことも、ごまかすことも、できなかった」（五三ページ）。彼のなかの自由、野生、抑えがたい何かは、彼に接するすべての人間に「彼自身の二重性と分裂」を突き付ける。だから多くの人と見知っていながら、この「おおかみ」の部分は人とのつながりや結び付きから彼を排除した。仮に家庭をもっても、この「おおかみ」の部分は人間を独身者的なものにするだろう。動物になる（生成変化する）ことは、血縁で結ばれた家族からそれた何かを志向する。おそらく押井守は妻に対してはダメなおっさんを演じ、離れた娘に対しては世間の父親という役割を映画監督という立場と込みで引き受けているのではないかと思われる。そう考えるのは、『スカイ・クロラ』の作劇や演出を見てのことである。

さて語り手の「下宿のおい」の言葉を借りれば、ハリーは「悩みの天才」であって、思索と内省、想像（妄想）のあまり自己を軽蔑し、目につく制度や人物を仮借なく辛辣に批判するのとまったく同じ姿勢で、何よりも

「自分自身を憎む」者であり、そのかぎりで彼の内部に「荒野のおおかみ」を宿らせていた。なるほど彼には「自殺者」の傾向があるが、「ありふれた畜群的人間」(五八ページ)のように実際に自殺することは決してない。彼にとって自己とは「危険な、疑わしい、危険にひんした自然の芽ばえ」(五八ページ)であり、自分をつねに危うい際にいるものと感じていた。言うまでもなく、こうした言葉遣い――「畜群」と「生成する自然」という観念――には、フリードリヒ・ヴィルヘルム・ニーチェの思想の残響が聞き取れる。しかし、この「自然の芽ばえ」、「おおかみ」は、人間性なるものから突如として噴出する野生ではない。普段のそれは人間としての日常を必ずしも食い破ることなく、社会のなかで制御され、それなりに飼い慣らされている(ヘッセがこの小説を書いていた時期、一九二〇年代のフロイトが一連のメタ心理学での決定的なテクストである「快感原則の彼方」などを著しているることは偶然ではない)。このことは様々なハリーの身ぶりのなかにも見て取れる。本書でふれた押井守の犬への偏愛にしても単なる個人的な趣味にとどまるだけでなく、彼の映画やアニメでは人間と動物、自分と「伴侶種」(ダナ・ハラウェイでの概念、「お伴の動物〔companion speicies〕」)の間に、むしろ今日の人間(性)が置かれた位置と同時に表現者としての「いづらさ」を表現するための仕掛けになっている。

ハリーは自分をアウトサイダーとして、はぐれ者や変わり者と感じているにもかかわらず、決して市民生活の外には出ることがない。警察や税務署などの権力の機関となるべくぶつからないように折り合いをつけて生き、銀行にはいくばくかの有価証券さえ預けていた(一六二ページ)。元高校全共闘として、校内や家庭を――運動としてはむろん中途半端な――「主戦場」として生きた押井は、いわゆるその後の全共闘世代が年齢を重ね、体制や会社といった制度のなかでそれなりの地位を得て、一定の権力を行使している姿をずっと横目で見てきたはずだ。また自らも監督そのほかの仕事に従事することを通して業界や世間の「諸般の事情」と折り合いをつける局面に立つこともまれではなくなっている(『ASSAULT GIRLS』や実写版の『THE NEXT GENERATION パトレイバー』は作家自身による自己引用やリミックス、パロディー、あるいは「押井組?」のメソッドの伝承のための作品という側面もなくはない。ここに還暦を超えた彼なりの「折り合い」があるように見える)。

だからこそ押井はつねに「この現実」とは違ったあり方を想像、あるいは妄想し、逆に極端な虚構によって「この現実」を見つめ直し、権力に「大人」として参入する自らの位置も絶えず疑ってみせる。確実なのはただそのつどの映画作品を期日と予算のなかで実現するという、きわめて散文的にして制度的な振る舞いを通して「映画（制作）という状況」を展開させようとすることである。彼が戦争の比喩にこだわる理由はまちがいなくここにある。映画は「補給」と「兵站」を押さえることのリアル、あるいはこの日常では見えにくいけれど、ひそかにはたらいている異質な何かが互いに結び合う状況なのだ。おそらくそこには押井の同世代の人間たちや、その子どもたちに対する微妙な目線もあるだろう。しょせんはプチブル急進主義の突出だったかもしれない出来事（「一九六八年」）への介入とこだわりが、依然として社会や世間の支配的動向から距離を置く押井の姿勢や発言からはうかがわれる。

小市民《ブルジョア》、あるいは大衆社会を軽蔑し、ときにそのことを誇ってみせるハリー。しかし、この身ぶり自体が、近代市民社会の一性格であることには注意していい。大衆は大衆の感覚を憎悪し自嘲するたびに、しばしばこの軽蔑する者の位置へと遡行する。大衆文化の表現者や、同時代の社会や文化を論じるインテリにも同じことが起こる。そのときに何らかの動物の形象が、そうした身ぶりを自他ともに認めさせる契機として現れる。さらにいえば「荒野のおおかみ」のような近（現）代の——あるいは後期近代や脱近代の——社会や文化では、かろうじて飼い慣らされている人間のなかの野生、動物性は、あらかじめ近代性そのもののなかに組み込まれている、そんなふうに考えてみたい。では、そのぎりぎりの動物性との出会いはどのようにして起こるのか。

街の通りを歩いていて、突然、ある音楽会での瞬間がハリーによみがえる。ここでの彼の言葉は、ロマン主義的な世界との合一、さらには「イントラ・フェストゥム（祭りのさなか）」の脱自（エクスタシー）や一種の幻覚やトリップを思わせる。音楽を聴くことは、しばしば自己と世界を融合させる経験である。音楽を聴くという出来事は日常のあらゆる雑事から遠ざかり、活動の領域やコミュニケーション関係から引き下がることによってむしろ世界に内在することである。そして、この「聴く」態度は「見る」態度のなかにも侵食していく。「私は天を飛びぬけて、神が仕事をしているところを見、至幸の苦痛をなめ、もはやこの世の何ものにも抵抗せず、この世の何ものをも恐れず、あらゆるものを肯定し、自分の心をあらゆるものにささげた」(三五ページ)。押井はあまり音楽にうるさいことをいわないかわりに、音楽担当の川井憲次にはいつも明確な注文を出して彼の世界観に合うよう、映像と音楽のノリを一致させようとしてきた(こだわりはほとんどないようだが、パット・メセニーのギターが好きだと直接、聞いたことがある)。

前述のハリーの言葉遣いは、ジャン゠ジャック・ルソーの『孤独な散歩者の夢想』(1)(一七七八年)やドストエフスキーの『白痴』(2)(一八六六年)のそれぞれの一部分、つまりてんかん(epilepsy)の感覚によく似ている。映画『GHOST IN THE SHELL 攻殻機動隊』のなかで、情報の海に生まれた生命体との出会いによって草薙素子は、一種の遍在する精神、ネット化された知性(分配された知性)に融合するが、その出来事の瞬間、天使のような姿が幻視される瞬間にも、ハリーと同じような全能感、遍在精神のようなものがかろうじて生まれている。それはこの映画を見る観客にも擬似的に共有される出来事になっていた。ハリーによれば、この状態の時間は十五分ほど続き、その夜の彼の夢のなかでも、また彼がルネ・デカルトやブレーズ・パスカルを読んでいるときにも「金色の火花」となってきらめくのだった。彼が愛人の誰かと二人きりでいるときにも、この光は「金色の痕跡を引いて遠く空の中に飛んだ」(三六ページ)。ちなみにこういう「至高体験」はコリン・ウィルソンをはじめ「アウトサイダー」が抱く要素の常だが、日本のアニメ映像の場合には押井にしても宮崎駿にしてもこういう部分、つまり奇矯だったり変態じみている要素は巧妙に表現され、わかる者にはなんとなく通じるという仕方でしか見えてこない(あるいはロリコンや軍事オタクといった趣味の形に昇華されている)。

ハリーによって「神の痕跡」とも呼ばれるこうした瞬間は、彼の日常、つまり大都市の人々に囲まれた生活ではめったに訪れることはない。彼は劇場や映画館でも長く辛抱していることができないし、同時代の書物、ヴァリエテ(寄席)や博覧会を楽しむこともできない。ハリーはそうした大衆的娯楽に満足できる人間を「アメリカ的な人間」と呼ぶ。アメリカ的なものに対するハリーの態度は、ちょうどヴェンダースやラース・フォン・トリアーのような映画作家たちにとってアメリカがそうであるように両義的である。言うまでもなく、押井守もまたアメリカ的なものに満足できない人間でありながら、そこでの映画やエンターテインメントのはたらき、物語類型とは律儀に付き合っている。作家たちにとって「アメリカ」は俗なる資本主義の極にあり、特異な出来事としての至高体験は反対の極に置かれている。

ハリーは小説の後半でヘルミーネと出会い、おずおずと踊り始めるまではジャズをモーツァルトやバッハのように愛することができない。そこに潜む「愛すべく偽りのない黒人らしさ、愉快な子どもらしい気まぐれ」(四六ページ)といった部分は、「アメリカ的なもの」、ハリーが生きる老いたヨーロッパの視角からは若すぎる文化に映ったからだった。こうした黒人を含むアメリカ文化への言及は後半部分への伏線とも見られるので、単にハリー(ないしヘッセ自身)のアメリカ文化嫌いを読み取るだけでは不十分である。

この点はあらかじめ娯楽やエンターテインメントを生産することを運命づけられている映画やアニメの作り手とは大きく異なっている。しかし、それでも「人や機械の動きを描くため、社会や政治を知るためでも何でもいい。頼むからレンタル屋で古典の棚にある映画も見てくれ」と若いアニメーターに頭を下げて頼まざるをえないオヤジ世代の作家たち——たとえば、押井門下なら神山健治——のことをしばし思ってしまう。押井を含め、こうした作家たちもまたよきにつけあしきにつけいまや「文学的」たらざるをえないからである。彼らはアメリカをはじめ世界中に広がる大衆消費文化とは別の回路、別の方法を映画やアニメという表現がもつ可能性をいまだ見捨てていない。ハリーが路上で出会った経験、あのドストエフスキーの主人公たちのてんかんにも通じる特異な神々しい瞬間は、たとえば格闘技を観戦したり練習しているときであれ、戦車や戦闘機を見つめているときであれ、二十一世紀のクリエイターたちにも形を変えて訪れている。同時代の文化や現在形の表現の形式に疑問をもち、なおかつ古典的な手法と現在時のテクノロジーや方法を絶え間なく突き合わせていくような姿勢、ここには押井や門下の作り手たちのなかの逆説的なモダニズムを透かし見ることができる。というより、ポストモダンの文化を掘り抜いていけば、好悪や評価は別として、普通にモダニズムの岩盤に突き当たる。

ハリーが街角で出会う不思議な「魔術劇場」の照明を使った広告やフライヤー（チラシ）は、狂人だけに入場を許しているのだった。偶然に手に入れたパンフレットのなかの記述に彼は自分が普段から考えていたことがら、彼自身のことが書かれていると思しき「荒野のおおかみ」論を見いだす。ハリー自身とパンフレットに書かれていることの不思議な符合は、彼の思い込みなのだろうか。

昔から、精神的な均衡を崩した人間が、公けのメディア（テレビやラジオ、雑誌、そして近年ではネット）で「自分のことがあしざまに語られている」という妄想を抱くことは珍しくない。あるいは社会的、公的なコミュニケーションが「自分だけに向けられている」という幻想のことだ。今日、ブログやネットで対話が「炎上」するさいにも、こうした「匿名不特定多数による自己への攻撃」を過剰に感じ取る振る舞いは、アニメファンのなかにもいやというほど見いだせる。とすれば、ハリー自身の「荒野のおおかみ」としての自覚と、ひょんなことから手に入れたパンフレットのなかの「荒野のおおかみ」の符合や一致を、彼の個的な精神の危機（ココロ系やメンヘル？）に帰するのではなく、むしろそのつどの時代の新奇なメディア（この作品では、謎のパンフレットやプラカード、ネオン広告や書物）こそ「どこかで名指しで語られているこの〈私〉」へのパラノイアを増進させていると読むほうが現代にはふさわしい。さもないと、新しいメディアが登場するたびに、だからいま（現代）の社会の秩序は新しい、もしくは大きな変化を遂げたと同義反復的に語る浅薄な発言に引きずられかねない。「荒野のおおかみ」という動物は、新しい時代と過去の歴史の双方を横切っているのだ。

実際、「夕べの人間」で夜ふかしをすることが多かったハリーは、ネットに四六時中つながり、自己と社会の間に様々なパラノイアや妄想を作動させている現代人たちをどこか思わせはしないか。ハリーの手記も、また謎めいた小冊子の論文も、特別な個人のことを語っているのではなく、その見かけとは異なって現代の「一般的」な人間像、「誰でもいい誰か」にふれている。誰でも入れるわけではない「門」が、実は彼自身のための「門」、「魔術劇場」への入り口だったとしたら？　こうしてこの小説はいささかフランツ・カフカの短篇『掟の門前』(3)（一九二七年）めいてくる。

実際、押井守の映画作品でも、主人公が追跡していたもの、あるいは最終的に対決しなければならない対象は、結局、自分自身、もしくはその分身や映像であるという構えはいくたびも繰り返されている（『紅い眼鏡』も『GHOST IN THE SHELL 攻殻機動隊』も『AVALON』もこの点では同じである）。

ハリーはどのように自分のなかのおおかみ、あるいは内部の動物（性）を把握、了解しているのだろうか。一連の狂気じみた夢想とこの「おおかみ」はどのように関わっているのか。パンフレットの記述に沿って考えてみよう。実は、この部分には押井の半自伝的にして、H・P・ラヴクラフトの影響を漂わせる小説『獣たちの夜』とも響き合う要素がある。

自分が生まれながらに「荒野のおおかみ」だったのか、魔法でそのようにされたのか、あとからおおかみの魂を受け継いだのか、彼はあずかり知らない。普通、人は「犬やきつね、魚かへびの性質」をそなえながら、人間としての要素とうまく折り合いをつけ、それどころか人間の部分と動物の部分が助け合うように生きているというのに、ハリーの場合にはおおかみと人間が「ともに天をいただかずという敵対関係」のなかにある（五一ページ）。人間が動物や野獣に変身したり、退化したりするというのではない。あるいは、人間性の奥底に動物的なものがあるというのでもない。人間と動物が争いながらからくも併存しているあり方、そこから現れる何かを「荒野のおおかみ」は指している。人間存在の背後に何かデモーニッシュなもの、通常の意味での人間性を逸脱するもの、あるいは衝動に突き動かされる闇の部分を見るという構えは、ヘッセが生きていた「大戦間期」の時代の気分だったことに注意したい。ごく通俗的に考えても、フロイトの「無意識」の概念から文化のディオニュソス的要因——アポロン的な調和した秩序に還元できない衝動と非合理の生の領域——への関心は、未曾有の殺戮と機械の時代に特有の人々の情動的な反応の一つだったことはまちがいない。

フロイトの精神分析は「砲弾衝撃神経症」や「鉄道神経症」など、日常生活に襲いかかる新しい機械やテクノロジーとの出会いから生じる心の病理を通して目を見張る発展を遂げた。対象を明確に規定することができない「不安」が、個々の実存や存在論の問いとして問題にされたのもまた、「大戦間期」の時代にほかならない。言い換えれば、文学や哲学、精神分析……どの言説ジャンルでも、人間存在のうちに、自然と文化、社会のある種の二重性や分裂、場合によっては根元的な野生のようなものを透かし見る「時代精神」が支配的となる状況が広がっていた。ハリーが抱く夢や幻想はそうした状況と切り離すことはできないし、「動物＝荒野のおおかみ」の形象はまさにこの二重性を生きていた。

「荒野のおおかみ」は一つの虚構である。ハリーが自分自身をおおかみ人間と感じ、二つの敵対し対立するものから成立していると考えるのは、単純化する神話にすぎない。ハリーはまったくおおかみ人間ではない。（略）ハリーは自分の中に人間を、すなわち、思想や感情や文化や、仕込まれ高尚にされた性質などから成る一つの世界を見いだすが、同時に自分の中に「おおかみ」をも、すなわち、本能や野生や残虐性や、高尚化されない粗野な性質などから成る一つの暗い世界を見いだす。（六九―七〇ページ）

ハリーはまったく「狼男（werewolf）」ではない。荒野のおおかみは狼に変身する人間ではない。人間の生の根底に野生や自然があるというのでもない。むしろ動物性は、荒野のおおかみ、ハリーの場合のように人間の振る舞いの表面に、あるいは顔、その表情、身ぶりに露呈し、姿を現している。人間の内奥の秘密は、その表面にある。しかし同時に、その表面を人間自身が見慣れないもの、過剰なもの、おぞましいものとして受け取っている。いわゆる「本能と精神」という二分法は、人間存在が抱えるこの根元的な二重性を覆い隠してしまう理屈にすぎない。それは実際にはいつも表面に表れている動物性、暴れたり、手なずけられたりする野生を、生の裏面や暗黒部にしてしまい、当の二重性そのものが人間の――存在論的にして社会的な――あり方であることを忘れさせる。

ドゥルーズ&ガタリによれば、「動物になること（動物への生成変化）」や「欲望機械」はメタファー（暗喩）ではない。彼らにとって「動物への生成変化（becoming animal）」は、人間の存在のおぼつかないありようを示す概念装置であり、動物やモノとの識別不可能性に自らをたたきこみ、これによって欲望を駆動させる機械（マシーン）の別の形にほかならなかった。人間と動物の間の対立、いわばグラフィカルでリズミカルな交代を大まかな二分法に頼らずに生きようとするとき、荒野のおおかみは人間性と争いながら人間の奥底ではなく、その表面となる。この二重性こそが人間の条件である。二重人である人間、単に複数の役割の束として社会や共同体のなかで生きる人間という意味でなく、〈社会的なもの〉（社会を社会たらしめる動的な契機）は、人間が人間のままにとどまっていられない、人間が自らをはみ出して暴走したり、あるいは極度に馴致（家畜化）されたりする動物性に支えられている。

人間はむしろ一つの試み、過渡状態である。自然と精神とのあいだの狭い危険な橋にほかならない。精神に向って、神へと、最も内面的な使命は人間を駆りたてる——自然に向って、母へと、最も深いあこがれは人間も駆りたてる。二つの力のあいだを人間の生活は不安に震えながら動揺する。人間がそのときどきに「人間」という概念の下に理解するものは、いつも一時的な市民的な申合せにすぎない。（七四―七五ページ）

「人間」は「悪い本源の母なる自然とうるさい本源の父なる精神」を欺いて、その間に姑息になまぬるくあつらえられた試みである。ここに見られる母なる自然と父なる精神という比喩と区分は、大戦間期に知識層に影響力があったバハオーフェンが研究した母権制、およびそこでの「大いなる母」（マグナ・マーテル）、こうした概念に共感する時代の精神に呼応している。同時に「人間」という観念が人間とその社会によってそのつど生み出されている事情が明確に語られている（女性や母性に対する日本のアニメでの強い情動的固着を思い起こそう）。人間と動物の人間存在のただなかでの諍い、あるいは「荒野のおおかみ」の出現は、それ自体不完全ながら「人間の条件」なのである。

普通、近代の社会には動物を生贄にするような供犠はない。しかし、国家への献身が主権＝至高性に対する義務になっていて、家族などの私的親密圏と、労働し活動する公共的な社会を吊り支えているために、やはり能力や暴力の集中、譲渡というかたちでの「供犠（sacrifice）」が潜んでいる。「市民は、〈個人〉と呼ぶものを許容すると同時に、人身御供を要求する牛神の神なる〈国家〉にその個人を引き渡し、たえず両者を争わせて利を占めている」（七五ページ）

さらにここで、近現代だけでなく、「狼」の形象が社会的・歴史的に占めてきた位置についても考えておくべきだろう。古代ローマの建国にまつわる説話はあまりにも有名である。ローマの起源神話は、ロムルスとレムスの双子を主人公とする。ローマ以前のアルバ王は敵の娘であるレア・シルヴィアをサンクチュアリ（禁制の地）に置く。だが彼女はアレス神にレイプされ、当の双子を産む。王は双子を殺すように命じるが、双子は狼に育てられて生き延びる。後年、双子は反乱を率いて王の仕打ちに報い、別の都市国家を打ち立てる。これが、すなわちローマだった。

この逸話がもつ意味は深い。何よりも社会の規範、通常の状態に対して、ある種の緊急や非常の事態、つまり「例外状態」がつねに先行的に存在していた、という発想を伝えているからである（大戦間期、ナチに加担した政治哲学者カール・シュミットと、ファシズムの危機を語りナチズムを前に自死したヴァルター・ベンヤミンは、まったく異なる政治的立場から同じ仕方で「例外状態」をてこに政治について考え、そればかりかこの件について文通までしていた）。同じように、ヘッセが形象化した「荒野のおおかみ」は、まさに「例外状態」に、つまり社会の通常の状態と緊急事態の間の両義的な空間にある。むしろ、そもそもそうした規範の危機の時代には、あるべき人間（性）の他者として「動物」の形象が召喚されるといったほうがいい。特に、この例外状態に「狼」という動物が関わっていることは面白い。

ハリーの、そして人間のラディカルな二重／分身性、その形象であるこの「荒野のおおかみ」を人間と動物の二分法で整理し尽くすことはできない。この二重性はさらに掛け合わされ、「一者」（すべてが始まる一つ）としての真理ではなく、「多としての真理」、一つところに落ち着かない、つねにどこかが割れている多（様）性

(multiplicity) となる。

ハリーは二つの本質からではなく、百、千の本質から成り立っている。彼の生活は(すべての人の生活のように)、本能と精神とか、聖者と放蕩者とかいうような二つの極のあいだだけではなく、数千の、無数の極の組合せのあいだを、振り子のように揺れているのである。(七〇ページ)

このように「荒野のおおかみ」は空想や幻想の産物でも、虚構を生み出す形象でもない。それは人間性を裏切りながら、にもかかわらず、それを根拠づけている何ものかであり、人間の内面の暗い裏側でなく、その本性／自然の「模像」として人間を支えている、現実にとって避けることができない虚偽、幻想(ファンタスム)である。このように読んでみると、押井が繰り返しいろいろな動物、たとえば犬、鳥、魚……などを映像や絵のなかに取り入れて、独特の寓意、あるいは映像の構造的なノーテーション(それを媒介に、世界観や物語の輪郭がアレゴリーとして示される記法の要点)として位置づけてきたことの意味が見えてくる。それぞれの動物は何かを象徴しているのではない。人間は自らを動物や自然と二重化しながら、この二重性をさらに無数の形象に散種させ、人間という位置そのもののおぼつかなさ、あるいは虚構性を作っていくことによってしか、生きられない。無数に分岐する二重性、二項性を多数性に開いていくことで、はじめて人間に固有の「環境世界」が与えられるのである。OVAの『御先祖様万々歳!』の毎回のオープニングには、動物の親子をめぐる映像とナレーションが挿入されているが、あの部分をこの多様に分岐する二重性についての語りと受け止めることができる。

大戦間期、大学に属さない民間の学者でありながらドイツで影響力をもった科学者ユクスキュルの「環境世界(Umwelt)」の概念が、ハイデッガーによる「現存在(Dasein)(ここに自らがあることを世界性として受け取る人間のあり方)」の発想に影響を与えていたことはよく知られている。自分がそこにあること自体を、まず「不安」ととらえる奇妙な動物を説明するために、これまでなかった概念(現存在)が使用されたのだった。ユクスキュルの考えによれば、ダニにはダニの世界があり、犬には犬にしか了解できない世界がある。つまり、それぞれの動物が固有の「環境世界」をもっている。そこから発見される事実は異なるとはいえ、論理的な構えは今日のアフォーダンス概念からさほど遠くはない。ところが人間には固定した環境世界が存在しない。

人間でのこの環境世界の不在と、先にふれた根元的な二重性は一つにつながっている。まさに「荒野のおおかみ」はここに召喚される形象であり、このごまかしと弥縫によってはじめて人間はそれとして生きることができる（模像＝シミュラクルが自らの自然＝本性となる）。人間に環境世界が存在しないというのではなまぬるい。そうではなく人間という形象は、情報や情動を様々に操作することによって、無理やりに環境世界をでっちあげる／創案すること、自然とのずれを無数かつ多様に反復することをそのまま環境世界とする動物なのである。「胸やからだはいつだって一つだが、その中に宿っている魂は二つ、あるいは五つではなく、無数である。人間は百もの皮からできている玉ねぎである。たくさんの糸からできている織物である。古いアジア人はこのことを認識し、精確に知っていた」（七三ページ）

このように「一であり多である」存在、もしくは生成を語る言葉は、まるでポストモダン理論のように響くかもしれない。しかし、このテクストは一九二〇年代の大戦間期に書かれている。脱近代の意識や観念と見なされてきたベクトルは、実際にはもっと長期の持続にわたる近代（モダン）の運動に属していると見たほうがいい。終わりなき近代、それはまだこれからくる近代ではなく、近代性自体が脱近代へと、近代の終焉、または近代を乗り越える思想や視角を絶えず先取りしては繰り込みながら進行してきた運動なのではないか。この視点は「終わりなきプロジェクト」として近代を見るかぎりではユルゲン・ハーバーマスに通じるが、自己や主体の複数性を進んで生き抜こうとする姿勢で大きく異なっている。

人間の精神や心は複数のエージェンシーで構成されているとする考え方がある。この視角は、古くは生理学に影響を受けたニーチェなどの哲学の系譜から、マービン・ミンスキーなどコンピューター・サイエンスや認知科学の最前線にまであてはまる。脳の作用、あるいは精神のなかでは、つねに複数の作動要因と、自分だけではすべてを統制できない複数の操作主体が束のようになってはたらき合っている。自我は実体や原因ではなく、むしろ様々な契機が関係し合うはたらきの結果（効果）なのである。本来はインドの叙事詩の主人公たちのように「化身のつながり」に表象される多様性だが、これはしばしば啓蒙的な理性によって人間と動物、精神と野蛮の二つに体よく振り分けられてしまう。これをヘッセは奇怪なことに「黒人的なおおかみの方法（niggardly wolf theory）」（七四ページ）と呼んでいるが、この「人種的」な言い方は不十分なものでしかない。これでは千のありように可塑的に、しなやかに、したたかに変化することができる可能性が何らかの本質に帰されて、抑圧されてしまう。

現代のポストフォーディズム型の社会、つまり日常生活のすみずみに市場原理と資本への包摂が行き渡ってしまった生政治が行使される日常では、この「しなやかさ」や「可塑性」はシステムを脅かすものではなく、むしろどんな職場や状況でも臨機応変に文句を言わずに適応する働き者の主体に翻案されている。千の多様性が二分法や二項対立のシステムに還元されてしまうのと同じことである。様々に変容し、しなやかに転換すること自体は悪くはない。ただこのあり方が一定の方向にだけ回収され、水路づけられることが問題なのだ。

「荒野のおおかみ」という形象は、この二分法が挫折するところで、まさにそれを積極的にくじくために現れる。この形象は単純に千の可能性、無数の自我の束のありようを称揚するためでなく、その絶望的なまでの困難を試みとしてほのめかす。ハリーは単純に酒神バッカスの陶酔の混沌に退行しようとしていたのではなく、個体化を罪と感じるがゆえに、見聞きした多くのことを、いつも過剰に自分のことと受け取ってしまったのではないか。逆にいえば、あまりに多くの事柄や出来事、人物や性格に彼は「憑依」され「転移」できてしまう。千の自我とはそういう意味でいわれている。すべてを盗み、わがものにすることで自分の実像がわからなくなってしまった者のために。しかし、これは押井守がゴダールから「引用」という戦術を受け取って練り直した生き方の基本でもあるのだった。

下宿している都市でハリーは、以前から知っている大学教授の家に招待されて食事をする。ラルフ・フリードマンによるヘッセの評伝によると、一九二五年秋、仕事の行き詰まりに直面していたヘッセはチューリッヒに滞在し、アジアの諸文化に親しいロイトフルト夫妻と懇意にしていた。アジア風にしつらえられた夫妻の家を、ヘッセは「エキゾチックな穴蔵」と呼んで足しげく訪れ、カレーの匂いやブロンズの仏像に囲まれてつかの間、心を癒したという。むろん、直接にこの夫婦は作品のなかの俗物教授夫妻の直接のモデルではないかもしれない。だが、ここにはいわゆる「世間一般」や大衆文化への違和感や、アジアやオリエントの文化に対するヘッセの憧れといった姿勢が透かし見える。

訪問中、作中の教授はハリーと同じ名前の人間が戦争煽動党の新聞でひどく非難されている事実を告げる。まさか問題の人物がハリー自身であることなど思いもよらない大学教授は、皇帝（カイゼル）を批判し、戦争の愚劣を説く同姓同名のハリー・ハラーを非国民としてののしる。この意見にうんざりしながらも本当に彼をめいらせ苛立たせたのは、教授の家の壁にかけられたゲーテの肖像画のほうであることにハリーは気づく。「おおかみ」の怒りは、政治や戦争に対する反感や抵抗と同じだけ、知識人といえども共有している大衆的な趣味への反感に駆り立てられていた。偉大なゲーテの複製（コピー）が「おおかみ」を呼び起こす。一方でこうした大衆社会への嫌悪はハリーをある種の選良（エリート）主義者に見せかねない（大衆嫌悪はファシズムが大衆を煽るときのポピュリズムの基本文法である）。ハリーにはアメリカ文化への拒否をはじめ、大衆的な文化や生活習慣に対する徹底した嫌悪がある。ハリーは政治的体制や官僚的な手続きに根元的に対立しながら、それと同じだけ普通の「世間」の感覚や趣味にも相いれない情動を抱えていた。教授夫妻の家を辞したときのハリーの次のような言葉は、批判と反動の双方の視点の間で揺れ動いている。「市民的な世界、道徳的な世界、学問的な世界への私の告別であった。荒野のおおかみの完全な勝利であった。逃走者として敗北者としての告別であり、自分自身にたいする破産宣告であった」（一〇二ページ）。「荒野のおおかみ」は、この点では挫折した反抗者でしかないように見える。しかし、自己を否定すること、アイデンティティという構えに破産宣告をすることが「おおかみ」の勝利である、ということの意味はもっと積極的にとらえられていい。

ヘッセは第一次世界大戦に反対の立場だったが、ナチズムやファシズムによる戦争への動員を防ぎきれなかった、あるいは十分に対抗的でなかったという理由でしばしば批判される。戦争や野蛮の到来について完全に否定的でなかったという評価である。同じ論難はいまや押井にも寄せられるかもしれない。押井は自他ともに認める軍事や兵器のマニアである。自衛隊の戦車に乗せてもらっているときの満面の笑みは、チョビひげが似合いそうなどこかの首相のそれと重なって面食らうこともある。彼の映画やアニメには銃器に対するフェティシズムがあふれていて、軍事や暴力をカタルシス的に描くこともほぼ毎回のお約束である。2・26のクーデターへのあくなき関心もリベラルな知識人の眉をひそませることだろう。特に「宮崎駿的なもの」――これは日本共産党のかつての「親子映画」的な感性をほうふつとさせる映画観に近い――を評価する軸からは強く指弾されかねない。序章でも述べたように、彼は原発の使用や日本の核武装にさえ否定的ではない。中国や半島との「有事」も、彼の軍事トークでは必ず話題にされる。ただしそれは、「もしもこういうことがあったら、こうするのがいい」というシミュレーションにすぎず、この種の「こうしたい」という欲望が妄想を交えながら、安直に現実にあてはめられることに押井はさしあたり慎重である。戦争を鼓舞することはないし、積極的にこれに賛成もしないかわりに、戦争の愚劣さや暴力と憎悪が生む悪循環を妄想と官僚機構のアマルガムの結果として冷徹に見つめている。自分のアイデンティティを破産させないために、妄想を社会化し（妄想が社会的に構成されていることを示し）、抗争と殺戮の欲望を無化し、骨抜きにするような「作戦」を映画とアニメで展開し続けているのが押井守という作家なのではないか。

ある意味でハリー（あるいはヘッセ）も押井も、戦争を人類の社会にとって不可避のものととらえている（不可避だからといって、戦争への動員を受け入れるということではない）。グロテスクな認識だが、二十世紀の思想や文学、表現にとってそれほどめずらしい考え方ではない。戦争が前景化し、テロとそれに対する保安のパラノイアが日常生活を覆う現代で、押井の映画やアニメは、文学とは別の仕方で「荒野のおおかみ」を変奏しているように見えてくる。

2　魔術劇場としての世界

次に問題にしたいのは、この作品でのヒロインの位置である。ハリーがこの作品のヒロインともいうべきヘルミーネと初めて出会ったのは、教授夫妻との付き合いや趣味に辟易した彼が憂さ晴らしに酒をあおっていた場末のカフェでのことだった。紫煙のなかで聞き慣れないダンス音楽に耳を傾けていた彼に彼女は話しかけてきた。その場にそぐわず浮いているハリーを彼女はダンスに誘う。ダンスなどできないハリーは自嘲ぎみに自己紹介をしてみせる。ハリーは様々な語学に通じ、音楽を楽しみ、多くの本を読み、また書いてきたりしたのに、ヘルミーネは彼が「踊ることを習わなかった」事実に率直に驚き、そのために彼に急接近しようとする。逆にハリーも初めて会った彼女との会話に霊感を受け、眠っている間にしばしゲーテと対話する夢を見る。ハリーは書物や思索、夢想のなかで得た何かを、街路に生きる人間たちとの出会いのなかでたどり直しているように読める。ヒロインの名前が作家のファーストネームの一種のアナグラム（ヘルマン→ヘルミーネの言葉の組み替え）になっていることは明瞭だ。彼女はヘルマン・ヘッセの分身であると同時に、フィクションのなかの作家の分身たるハリー・ハラーの分身でもある。これをユング的なアニマ／アニムスの双対として、あるいはバハオーフェンの著作への関心に見られるような、一九二〇年代の母権制や母性への精神史的状況から説明することも可能であり、またそうした読解もなされてきた。ヘルミーネがハリーにあてがう恋人役であるマリアの名前にも「聖母／母権」崇拝が濃厚であることはまちがいない。ヘルミーネはしかし、ハリーのなかの「荒野のおおかみ」により近しい存在、あるいはそれを覚醒させる媒介者、触媒のエージェントになっている。

ひるがえって、なぜいつも押井という作家が兵藤まことという女優にこだわってきたのか。「紅い少女」（『紅い眼鏡』『ケルベロス 地獄の番犬』）や「ケッネうどんのお銀」（『立喰師列伝』）に見られるように、この女優は押井の作品世界で特権的な位置を占めてきた。このキャラクター設定には、大戦間期の思想や表現での女性に対する特異な転移感情と似た構図が見いだせる。草薙素子や草薙水素、菊地凜子のおかっぱ頭や兵藤まこの「顔」は、押井にとってのヘルミーネとなっている（押井の場合、この女たちにも自殺願望がひそかに託されているが、それはまた別の話になる）。

二度目にハリーと会ったさいに、ヘルミーネは言う。「踊ることを習い、笑うことを習い、生きることを習うために、私が必要なのよ。（略）あんたが私に恋するようになったら、私の最後の命令を授けるわ」（一三八ページ）。このとき、彼女は緑の葉脈のある茶と紫の蘭の花を見つめながら、こう語りかける。「やさしいことじゃないだろうけれど、あんたはきっとそうするわ。私の命令をはたし、私を殺すのよ」と（一三八ページ）。その言葉はハリーにとって、一種の予言、託宣として響く（これは結末への伏線となっている）。蘭の花を挟んで、このような奇妙な話をしながら二人は食事をしていて、食べ味わうという欲望に集中する。そしてハリーは、「荒野のおおかみ」について書いてある小冊子を見知らぬ男から通りで受け取ったことを告げるのだった。こうして彼女もまた「荒野のおおかみ」を知る。

押井の一連の作品でも「女に拾われた男」（『うる星やつら2 ビューティフル・ドリーマー』や『ケルベロス 地獄の番犬』など）や「女に導かれる男」（『AVALON』や『攻殻機動隊』）が繰り返し登場する。女を物語や世界観の遠近法の消失点に置くことで、物語を転がしていくという手法が押井の映画や原作を手掛けたマンガのなかにはある。自分たちの——とりわけ「男」の——妄想的ともいえる世界（観）の要となる位置、その視角の地平を形作る決定的な消失点に女や少女を置く姿勢は、二十世紀なりのロマン主義の形であり、同時に現代の大衆文化にまで続く兆候だといっていい。ヒロインを英雄にしているのか、あるいは母性的なものに結局はよりかかっている男の身勝手さを示しているのか。いずれにせよ、ここには第4章で見たようなテーヴェライト呼ぶところの「生まれきらなかった男」、未熟であるがゆえに自らの妄想にしがみつき、銃器や機械、乗り物とフェティッシュに付き合い、女性の位置を棚上げにしたまま、崇拝したり、憧れたり、利用したりする（ダメ）男たちの形象が浮かび上がってくる。

そもそもヘルミーネやマリアは何者なのだろう。レズビアンや同性愛者だと暗示させる部分もあり、後半、ヘルミーネは男装で姿を見せるけれど、これも決定的なものではない。最も身もふたもない解答としては、彼女たちを一種の娼婦と見ることだ。ヘルミーネは二度目にレストランでハリーと会ったさいに、「男たちを私にほれこませる腕で、私は暮らしている」(一三七ページ)と言い切る。

マリアとの関係は、以前ハリーが会ったことがある遊蕩者たちを思い起こさせる。


彼女らはときには数ヵ月タイプを打ち、しばらくのあいだは裕福な道楽者の愛人になり、小づかいやプレゼントをもらい、ときには毛皮のがいとうを着、自動車に乗り、グランドホテルに泊まるかと思うと、ときには屋根裏べやに住んでいた。(略)彼女らの中には、恋愛をしても欲情を持たず、いやいやながら好意を示し、最高の値段で売りこんでいるものが少なくなかった。また、非凡な恋愛の天才や、恋愛の追求者もいる。マリアもそのひとりだ。大多数のものは、異性と同性と両者の恋愛を経験している。彼女らはひたすら恋愛のために生きており、金を出している表向きの友だちのほかにいつも別の恋愛関係の花を咲かせている。(一七二ページ)

奇妙なことに、彼女たちは一度としてハリーから金を受け取っていない。にもかかわらず、「私あんたからもっと多くを、ずっと多くを望むの」(一三七ページ)と言っていて、知識や言葉など彼女が共有していないものをハリーから受け取っている。逆にハリーは踊ることをはじめ、知らなかったこと、自分がもっていないものを彼女から受け取る。ここには一種の贈与交換がある。あるいは本来、交換になりえないはずの贈与によるやりとりが生まれている。

ただ一点だけ、「荒野のおおかみ」ハリーと自分の共通点にヘルミーネは気づいていた。結局のところ、社会は英雄的な行為や犠牲を要求しないし、生（活）は相変わらずカード遊びやラジオ音楽の楽しみのなかにしかない。それなのにこれに満足できないタイプの人間がいるという直観である。何一つ共有する言葉や概念をもたない二人が通じ合うことができるのは、この点があるからにほかならない。高度な模範や課題を自分に課していた少女だったにもかかわらず、自分がなることができたのは、せいぜい高級娼婦だったとヘルミーネは自嘲する（一八八ページ）。彼女は自分が夢を、欲望を実現できないのは、自分の夢が間違っているからだと考えた。しかし、まわりの様々な人生を観察するにつれて、的はずれだったのは自分の夢ではなく社会や世間のほうだと思うようになる。「人生のほうが、現実のほうがまちがっていたわ。私のような種類の女は、金もうけ主義の男に使われて、タイプライターの前でみじめに無意味に年とっていくか、そういう金もうけ主義の男とその金のゆえに結婚するか、それとも一種の娼婦になるか、それよりほかに選択の余地のないこと」（一八八ページ）と言い切る。この社会を故郷／ホームと感じることはできない点で、彼女のなかにも一種の「おおかみ」が息づいていたのかもしれない。

あんたがフォックストロット〔当時の流行のダンスの型：引用者注〕に不安をいだき、バーやダンス場に反感を持ち、ジャズ音楽などのくだらないのにさからったのが、私に理解できないと思って？　わかりすぎるほどわかるわ。あんたが政治をきらうのも、政党や言論機関のおしゃべりや無責任なから騒ぎを悲しむのも、過去や未来の戦争に絶望するのも、今日の人間が考えたり、読んだり、建築したり、音楽したり、お祭りをしたり、教養を営んだりしているのに絶望するのも、よくわかるわ！　荒野のおおかみさん、あんたは正しいわ、千倍も正しいわ。でも、破滅しなきゃならないわ。今日のこの単純で気楽な、わずかなものに満足している世間にたいして、あんたはあんまり注文が多すぎ、がつがつしすぎているわ。世間はあんたなんか吐き出してしまうわ。あんたは世間にとっては次元を一つ多く持ちすぎているのよ。（一八八―一八九ページ）

世間より次元を一つ多くもちすぎること、これこそ映像作家や批評家がつねに向き合ってきたリアルではないか。テクストの無意識と付き合うことは、この「一つ多くもちすぎる次元」を掘ることにほかならない。このことは前世紀から今世紀にまで通底する。ハリーはヘルミーネの右の発話を彼女自身のものというよりも、彼の思想を彼女が翻訳している結果と受け取っている。ハリーとヘルミーネの間には経験と言葉の（贈与）交換、取り引きがある。ここで資本主義での「娼婦」の位置の普遍性や遍在性についてふれておくのは無駄ではない。

たとえば、若いマルクスはこの点を十分すぎるほど意識していた。つまり「女性の共有化は売春である」という認識のことである。もしも結婚が普遍的な売春の形態であるなら、世界全体は個々の私的所有者との婚姻ではなく、「共同体との普遍的な売春」へと移行している。しかし、これは資本主義システムの規律を脅かすものではなく、むしろその秘密の本質であり、そのシステムを駆動する不可避の回路である。一連の『攻殻機動隊』の世界でも、人形遣いと融合後の、あらゆるネットとつながっている草薙素子は普遍的な乱交《オージー》の状態を生きていて、バトー――ならびに観客――にとっては永遠の恋人であると同時に、あらゆる電脳端末に誘惑を仕掛ける娼婦的存在でもあったはずである。

現代社会にとっての本格的な危機は、アルフォンソ・リンギス風にいえば、それで生計を立てているプロの娼婦の蔓延によってではなく、シングル・バーで遊ぶ普通の女がたまたま娼婦のように小遣いをせしめてしまうときに生まれる。[4] これは潜在的にすべての後期資本主義社会――管理社会、情報社会、消費社会、ポスト・フォーディズム体制、そのほかどんな呼び方でもいいが――と、その規律が抱える本質的な危機と真理であり、生活のミクロな局面までも編制している。すべてがカネ（貨幣）に換算され、欲得ずくになる社会は、万人がシステムの内外に関わりなく、売春婦（夫）になっていくような社会である。マルクスにやや遅れてシャルル＝ピエール・ボードレールがこのことに気づき、「どんな恋愛も売春である」と宣言し、さらに都市と資本が売春と切り結ぶ関係を『パサージュ論』[5]（一九八二年）のベンヤミンが身体と資料（テクスト）の双方で追い詰めたことはあまりにもよく知られている。

売春は客の幻想を、経済の記号たる貨幣と交換する。すると今度は計算可能、査定可能な貨幣は、幻想の「値のつけられなさ」に伝染され、混交され、侵食される。値がつけられないとされている「はず」の（人間）性は、現に金銭で計られていて、このとき経済のシステムは計算可能性や伝達可能性を超えたものを知らぬ間に、またいや応なく扱ってしまっている。実際にはすべての労働で起こっているこの逆説と混交は、資本主義での売春、特に娼婦の位置があまねく社会全体に広がっていく事態を示している。この視角からすると、ヘルミーネがあからさまには金を受け取らない娼婦であり、ヒモに使われず、また性交以外のコミュニケーション関係も拡大していく、自分で自分を管理する起業家（アントルプレナー）としての「娼婦」だったことは見逃せない。彼女自身、自分がプロの娼婦であるのか、あるいはいささか度が過ぎた遊び人なのか決めあぐねているところなど、より現代的な女性を思わせる。

もう一人、女性像との関連で紹介しておくべき登場人物がいる。ヘルミーネとの最初の出会いのときから、ハリーにとって気になる存在だった、サクソフォン奏者のパブロである。

スペインか南米系の、黒い目で黒い髪の「クレオール人」であるパブロは、世界中のいくつもの言葉を操ることができた。ハリーにとってパブロは、どこか精神的な友情がもつ嫉妬をかき立てる。第三者、媒介者によってはじめて欲望、とりわけロマン主義恋愛の欲望は作動するので、嫉妬や三角関係は近代の恋愛／欲望の範型である。人は他者が欲望するものを欲望の対象とする。このことは（ヘーゲル）哲学だけでなく、欲望一般の真理である。マリアがマゾッホ（あるいは『毛皮を着たビーナス』[6]〔一八七一年〕の主人公ゼヴェリーン）にとってのワンダだとすれば、ハリーにとって、パブロは「ギリシア人」として、欲望の三角形（ルネ・ジラール）を媒介する第三者なのだった。結末部分でまさに彼はそうした媒介者の役目を果たすことになる。いわずと知れたことに、押井の作品のほとんどには奇妙な三角関係、誘惑や嫉妬、競争や対立によって媒介する他者がいつも現れている。

パブロは登場人物たちにとって「売人」（ディーラー）としても現れる。ヘルミーネなど遊蕩の有象無象が出入りする店でコミュニケーションをとれず苛立っていたハリーに、パブロは手を差し伸べる。

彼は面くらって悲しげに私の顔を見、私の左手をとってさすり、金めっきした小箱から何かにおいをかぐものを取り出して、これをかげば気分がよくなるだろう、と私にすすめた。私は目つきでヘルミーネにたずねた。彼女がうなずいたので、私はそれをとって、かいだ。(略)おそらくその粉の中にコカインがいくらか含まれていたのだ。パブロはそういう薬を秘密な方法で手に入れて、たくさん持っており、ときどき友だちにすすめる、その調合や処方にかけては名人だ、鎮痛剤、催眠剤、美しい夢を見させる薬、陽気にする薬、ほれ薬などいろいろある(一六四ページ)

おそらく、この部分を読んで一九六〇年代のヒッピーやサイケデリックの熱狂者たちは狂喜したのだろう。いまその過剰な深読みを笑うこともできるが、『荒野のおおかみ』という小説が対抗文化の担い手たちにとって一種のトリップ文化をめぐる作品として読まれたことには、たとえ誤解であるにせよ、それなりの意味がある。ゲーテとハリーの幻想上の対話に見られるように、この小説にはしばしば幻想的なシーンが現れる。こうしたすべてをトリップによる空想や夢に比してみたくなる気持ちは理解できなくはない。だが、この作品のすべてを薬理反応によって説明することは、押井がつねに回避しながら、同時にこだわってきた一種の「夢オチ」解釈のようなもので、「荒野のおおかみ」がもっている怪物性を伝えない。

実際、フロイトがコカイン常用者だったことはよく知られている。ウィーンの自宅跡の博物館に陳列された彼の日用品を見てもこの事実がわかる。また弟子のアナキスト、アスコナ・コロニーの組織者だったオットー・グロッスもそうだった。大戦間期のドイツやウィーンでこうした物質がどれほど一般に流通していたかがうかがわれる。しかし常用者であることは、必ずしも中毒者を意味するわけではない。ハリーもまたそうした時代に生きていた。彼の場合はコカインではなく、アヘンを日常の医療用に使っていたようだ。

私の旅行用薬箱には、苦痛をしずめるための優秀な薬がはいっていた。特別に強いあへんの製剤で、それを飲むことはごくまれで、数ヵ月さしひかえることもたびたびあった。肉体の苦痛に耐えがたくなるほど苦しめられるときだけ、この強い麻薬を用いた。(八六ページ)

ハリーが絶望とうつの淵にあったとき、自殺しようと致死量をはるかに上回る量を服用したことがあったが、嘔吐と昏睡のあとに目覚めてしまい、それが少なくとも彼には自殺の役に立たないことを知った。このように見ていくと、ハリーが抱く幻想やパラノイア、パブロへの微妙な敬意と嫉妬といったすべてを幻覚/覚醒物質や薬理効果に還元してしまうのは一面的な読みでしかないことがわかる。パブロが仕切る数種類の薬はコミュニケーションの豊穣化のためのメディア、手段の一つでしかない。

パブロはハリーがふさぎこんでいれば、軽いアヘンを分けてくれるようになり、場末のホテルの屋根裏部屋で秘密のリキュールを分け合い、マリアと三人で踊る。そんなときにパブロは、ハリーのまぶたにキスをするという同性愛的な身ぶりも見せる。さらには演奏者仲間のためにハリーに金を無心して、そのかわりにマリアを譲るので一晩彼女を自由にしてもいい、という奇妙な提起をしてハリーを怒らせたりもする(一八一ページ)。ここで重要なのは、道徳的にこうした身ぶりを裁断することでも、常識の転倒を礼賛することでもない。ハリーが軽蔑する大衆とは別のところにいる有象無象であるヘルミーネ、マリア、パブロといった面々は、売春や放蕩、陶酔などの快楽を世間の枠組みとは異なる交換やコミュニケーションととらえていることに注目しなければならない。ヒモがいない娼婦が与えてくれる特別なキスの仕方(一八二ページ)と、パブロのサクソフォンが奏でる音楽は端的に価値(査定)を超えている。値がつけられないものを取り引き、交換する者は、逆に簡単に自分をモノのように扱うことができてしまう。言葉も価格も出来事そのものには足りない、追い付きようがないあがきのようなものにすぎない。パブロにとって音楽こそがすべてであって、それ以外の放蕩はゲームにすぎない。そのゲームの内実は後半の「魔術劇場」の部分でふれることになるが、音楽について彼はこう言っている。

「じつは私の考えでは、音楽について話すことなんか、まったく価値がないんです。私はけっして音楽について話しません。（略）私は楽士であって、学者じゃないんです。音楽では正しいってことは、一文の値打ちもないと思うんです。（略）みんなの足を浮きたたせ、血をわかせます。それだけが問題ですよ。かなり長い休憩のあとで音楽が再開された瞬間、ダンスホールの人々の顔をよく見てごらんなさい──どんなに目がきらめき、足が小きざみに動き、顔が笑いはじめるか！　そのためにこそ音楽をするんですよ」（一六四──一六五ページ）

演奏とダンスにとって問題はあくまでも音楽、あるいはビートやヴァイブスであるということが、半ばディーラーめいたパブロの口から語られているのが面白い。そしてハリーは、ヘルミーネやマリアに誘われるままに、彼女たちがいくどか話のなかでふれていた大仮装舞踏会に参加する。彼自身は何も特別な仮装はしていない。いったん入場するものの、どぎつい雰囲気にあてられ外に出ようと荷物の番号札を探すが見つからない。それを見ていた謎の小男がすばやくハリーに代わりの小さな厚紙を渡す。そこにはまたしても「魔術劇場」への誘いがあった。「入場は狂人だけ。入場料として知性を払うこと。誰でもの入場はお断わり。ヘルミーネは地獄にいる」という文句が、わずかだが小説の前半部に出てきた広告とは異なっている。

この部分を読むと筆者はいつも映画『AVALON』の後半部分を思い出す。女主人公のアッシュが仮想空間ゲームの最も深いクラス、階層に入ると、白黒映像で古いドキュメンタリーのように撮られてきたワルシャワに代わって、急に色とりどりに輝くワルシャワの街並みが広がっている（ここは少しヴェンダースの『ベルリン・天使の詩』を思わせる）。そこで彼女は仮想空間内に失踪した友人の男を捜しながら、オーケストラのリサイタル会場に足を踏み入れる。ジェンダーは逆転しているが、「魔術劇場」はアヴァロンという仮想ゲームにも押井の諸作品の系列全体にも見いだすことができる。

再び会場に足を踏み入れたハリーは、仮面のマリアや演奏中のパブロにも会う。まるで乱交パーティーのように会場は熱気に満ちていて、彼は片隅のバーで見知らぬ青年の隣に座る。若い男の横顔を見てハリーは愕然とする。幼なじみのヘルマンだったからである。だが、それはヘルミーネの変装、男装だった。この部分は『デミアン』[7]（一九一九年）などにも見られるヘッセの登場人物での潜在的な同性愛、あるいはいつでもホモソーシャルに転化して兵士的男性や「士気ある国民」と共存可能な同性愛の擬態につながっている。押井の作品でなら『ケルベロス 地獄の番犬』での都々目紅一と乾、タンミーの奇妙な三角関係と、擬似的な同性愛もしくはホモソーシャルな兵士的連帯（対立）を思い起こしてもらえばいい。草薙素子や草薙水素といった女性キャラクター、およびその行動は無数に三角関係を紡ぎながら、反復のなかでしか誘惑や説得が作用しないことを伝えている。すでに何人かの婦人をその気にさせたというヘルミーネはシャンパンを飲みながらハリーと性愛以前の思春期について語り合う。ヘルミーネはここですっかり両性具有（アンドロギュノス）になっている。男女どちらの性からも距離をとり、それでいて両方の特徴をそなえ、感覚的なものも理性的なものも同時に包含していることでハリーを揺り動かす。彼女もまた一種の「おおかみ」ともいえるし、人間（男）よりもどこか過剰、どこか足りないという意味で、原初的なサイボーグ（代補＝補綴の身体）になっている（生成変化している）といってもいい。

十代の娘でも大学生でもみんな知っているのに、私は五十年間も知らずにいた体験を、この舞踏会の夜に知った。つまりそれは祝祭の体験、祝祭のまどいの陶酔、おおぜいの中に個人が没し去る秘密、喜びの神秘的結合の秘密だった。（略）私はもはや私でなく、私の個性は、塩が水に溶けるように、祝祭の陶酔の中に溶けていた。私はこの女と踊り、あの女と踊った。しかし、私が腕に抱き、その髪に触れ、その香気を吸いこんだのは、相手の女だけではなく、おなじ広間の中を、おなじダンスの中をおなじ音楽の中を私のように泳ぎ、輝く顔を大きな幻想の花のようにただよわせ去る女たちのすべてが、私のものであり、私はその女たちすべてのものであり、私たちみんなが共有しあっていた。（略）男たちも私にとり他人でなく、彼らの微

笑は私の微笑で、彼らの求愛は、私の求愛であり、私の求愛は彼らの求愛であった。(二一一―二一二ページ)

ヘルミーネやパブロたち、街の放蕩者や有象無象が属していながら、まだハリーが知らなかったもう一つの社会、あるいは別の宇宙がそこに開けていた。それはずっと続くことのない、一時を過ぎれば消えてしまうような別の集団のありようのことだった。同時に、先にふれた遍在する「売淫」との関係でいえば、普遍化した陶酔の世界だった。もちろん、押井のなかにはこうした発想はない。押井の映画やアニメのファンや観客にも、あまりピンとくる世界ではないかもしれない。これは完全な余談だけれど、クラバーやテクノのトライブのなかには意外に特撮ファンやアニメオタク、アウトドア絡みでミリタリーギアや兵装に関心をもつ者は多く、音楽的な律動の陶酔と映像的な細部への没入の重なりをテクノ(音楽)とアニメ(映画)の両方に感知している層は、メジャーではないが確実に存在している。テクノのVJ(ヴィジュアルジョッキー)のなかには、どう見てもこれはアニメや映画のファンでしょう、というコンソールや機材の置き方をするアーティストも少なくない。ヘルミーネたちのストリートの集まりと、オタクの趣味や集団性の間には意外な、つまり無意識の短絡回路が一応は開かれているのである。

そもそも人はダンスで自分が自分でなくなり、また誰かを演じることも、何かをまねすることもなくなって(あるいはどんなものにもなれ)、誰でもない、何でもないものとして踊り、酔っている。これが非人称の(非)有機的身体への/としての結合だとしても、ユートピアとはとてもいえない。それはこの世の、この社会の矛盾や軋轢を解決することも、霧散させることもできないからである。しかし、ヘルミーネたちがハリーに差し出したほんのわずかの可能性、もう一つ別の社会への方向や潜勢力はここにしかない。誰でも入れるわけではない「魔術劇場」は、その回路、手段なのだった。

この「魔術劇場」をめぐる表現や記述はメディア論的に見て非常に興味深い。ヘッセがラジオや映画など同時代のメディア技術に関心と注意を向けていたことはまちがいない。最後に出てくる「魔術劇場」の構造はまるでメディア・アーティストのジェフリー・ショーあたりのインスタレーションを思わせる。もともとこの小説では同時代のテクノロジーが繊細に見つめられている。たとえば、ラジオ（無線）通信については以下のようにある。

あらゆる力と業が遍在することは、昔のインド人はたいそうよく知っていた。技術はこの事実の一小部分を一般に意識させたにすぎない。技術はそれにたいし、つまり音波にたいし、今のところまだおそろしく不完全な受信機と送信機を組み立てたにすぎない。（略）たぶんごく近いうちにもう、パリやベルリンの音楽が今日フランクフルトやチューリッヒで聞かれるように、現在の目前の情景や事件がたえずわれわれの周囲に放射されるばかりでなく、過去のいっさいのことが同様に記録され再現されること、（一二八―一二九ページ）

メディアのテクノロジーにふれていながら、神話的・宗教的なインドの発想が引かれているのはなかなか面白い。このような複製技術や情報メディアによる遍在性への夢は、そのまま技術を介した同時性／惑星規模の意識につながっている。遠くの出来事が目の前にありありと提示されること、それが有線でも無線でも起こりうることを彼は予言のように語っている（この意識、この感覚は、ほぼ大戦間期の同時代人であるハイデッガーやエルンスト・ユンガー、あるいは日本であれば中井正一の発想に通じる）。

これまでこの小説についてなされた多くの読解が「魔術劇場」を映画と等値している。しかし注意すべきは「魔術劇場」のテクノロジーと映画やラジオのそれが作中ではあくまで別のものとして記述されている点である。「魔術劇場」は映画のあとにくる芸術、ポスト映画的なメディアであり、現実や事実を必ずしも参照系としない点で、むしろ今日のCGや3Dを多用したアニメやメディア・アートに近いものと見るのがふさわしいのではないか。「魔術劇場」は映画もラジオも巻き込んでいて、さらには現実と虚構、リアルとバーチャルを交錯させるマルチメディア・スペクタクルでもあった（この点についてフリードリヒ・キットラーは『グラモフォン・タイプライター』[8]で精確に把握している）。ハリーは舞踏会に参加する前に、モーゼに率いられたユダヤ人のエジプト脱出（エクソダス）を描いた映画を観客として鑑賞していた。ハリーによれば、この映画には紅海が二つに割れるシーン、黄金の子羊のまわりで踊り、陶酔するユダヤ人たちの祝祭を描いたシーンがあったことになっている（一九二〇年代にすでにこういう映画があったと勘違いしそうになるが、実際にハリウッドでそうしたシーンを含むスペクタクル映画が公開されたのは、五八年のことである！）。

　ここで「魔術劇場」という道具立てを通したヘッセの狙いは、新しい技術をただたたえることではなかった。新しいテクノロジーはたしかに社会や文化を変容させる。思考や感覚全般にある種のパラダイム変換が起こることもまれではない。しかし、新しいテクノロジーの登場がそのつど必然的かつ全面的に社会秩序や文化のシーンを変えるという発想が「定言命法」（～すべし／であるべき）として機能してしまうとしたら、ことは不毛である。「ネットが社会のすべてを変えた」という提言のうさんくささもそこにある。技術決定論と「新しいから新しい」という同語反復が安直に接続され、耳触りのいい文化時評のたぐいとして流通する誇大表現（ハイプ）が、日本語環境では特にここ十五年あまりバカバカしいほど顕著になっている。それは戦争の破局を反省するよりは、次なる戦争の機会を待つ姿勢にしばしば回収されてしまう。

　すべての女たちと踊り、ヘルミーネと踊るハリーは、これまで出会った、抱きしめた女たちが男装のヘルミーネと一つになっていることを感じる。ちょうど押井の映画の主人公たちが因習的なジェンダーやセクシュアリティーを背負いながら、しかし外見上は中性的な、それでいて強さを強調する男まさりの女、あるいは女のしなやかさをもった男として現れるように。あるいは電脳を介して他人の記憶でもって生きているサイボーグたちのように……。

「動物の目」（二一七ページ）をしたパブロが最後の部屋の向こうにある「魔術劇場」の戸口で誘う。注目すべきは、この「魔術劇場」の構造そのものである。「魔術劇場」は丸い馬蹄形をしていて、無数の狭い仕切りがある。

それぞれの小部屋では、個々の人格はもはや意味をなさず、一種の「牢獄」にすぎない。どこか一望監視施設（パノプティコン）を思わせる。そういってパブロはハリーに興奮剤を渡し、自我を捨て、「荒野のおおかみ」という古い色眼鏡を捨て、これを自ら殺すように促すのだった。それは現実を知覚することをやめて、自我がない画像の領域、仮想の世界に入ることだった。ハリーは渡された手のなかの鏡と壁面の鏡によって自分が無数の画像の断片に、様々な年齢や姿に分かれていくのを見る。

ここでも『AVALON』との符合は否定できない。アッシュに自分を殺すことによってさらにゲームの奥に向かうことを勧める男は、すでにゲームのなかに取り込まれていて、彼女の自我やアイデンティティの所在を揺るがす。同じ構造は『うる星やつら2 ビューティフル・ドリーマー』や『紅い眼鏡』に見いだすことができる。自分を殺す、自らの鏡像を破壊する、あるいは自分と最も親しい者を危険にさらすことによって、もう一つの現実のステージに向かうこと、あるいは現実そのものが構築され、操作された一種の虚構のフィールドだという事実こそが、自らを根元的に支えている物質的な条件でもあることを自覚する。この一点でハリーと押井の主人公たちは交差し合っている。

この魔術劇場の無数の仕切りのドアには、それぞれ例の謎の判じ物めいた広告のような文句が書かれている。その一つひとつのコンパートメントに、それぞれ分裂したハリーが飛び込んでいく。「いざ愉快な狩りに！　盛んな自動車狩りに！」、そう書かれたドアから入ると、そこは人間と機械、特に人間と自動車や装甲車が殺し合う戦場だった。一九二〇年代はフォーディズム的生産様式のまさに黎明期であり、自動車が生活に欠かせないかたちで入り始めた時代である。この戦いのさなかにも「フォード」というメーカーの固有名はセリフのなかに出てくる。この部屋の「戦場」では、上空には飛行機が旋回し、小銃や機関銃の音のなか人間と機械が戦っていた。奮起と動員を促すプロパガンダのポスターもたくさんあった。まるでSFかマンガのようなシーンであり、同時にアバンギャルドの芸術宣言のようでもある。「秩序や労働や所有や文化や権利の祝福を真に感動的に説明し、機械を人間の最後の最高の発明とたたえ、そのおかげで人間は神になれる」（二二六ページ）といった文句は、戦争を芸術とみなした未来派美学のスローガンや、戦車や装甲車に「超人」を見て取ったユンガーの小説の断片をまたもや思わせる。ここでハリーはいつの間にか幼なじみのグスタフと出会っていて、彼とともに戦う。グスタフはこう言う。

人類が知性を過度に働かせ、理性にはまったく近づきえない事柄を理性の助けで処理しようとつとめるのは、よくないことだ。そんなことをすると、アメリカ人の理想や、過激派〔ボルシェヴィキ：引用者注〕の理想のような理想が生じてくる。両方とも非常に理性的であるが、それは生活をひどく素朴に単純化しようとするため、生活に恐ろしい暴力を加え、略奪を施すことになる。（二三七ページ）

資本主義にも共産主義にも満足しえない作家としてのヘッセの感覚は、どこかで押井にも共有されているように見えるが、それはヘッセにとって作品世界を立ち上げるための前提条件のようなものであって政治的な立場表明にはつながらない（むろん、そこにも「満足しえないおおかみ」がいる）。ここでハリーはただゲームに参加しているのであって、文明批判や革命のために命を賭けているのではない。戦争を賛美することはなく、また革命に殉じることもない、無駄に生命を賭けない表現者たちの系譜のなかにヘッセと押井守をともに位置づけることができる。物語の設定のなかで犠牲や自殺が絶え間なく模倣（エミュレート）されていく点もどこか近しい。自我への拘泥を放棄した以上、人間でもなく、また「荒野のおおかみ」という奇妙な境界的位置も色メガネも捨てたハリーは、飼われて、管理され馴化された動物、家畜のようにあてがわれた部屋での役割を生きる。魔術劇場は、ジェレミ・ベンサムのあのパノプティコンの監獄のようにも、あるいは家畜のために仕切られたケージのようにも見える（ここへの導き手であるパブロの目が悲しい「動物の目」だったという描写がはじめて効いてくる）。

戦いの渦中からいつのまにか円形の廊下に彼は戻っていた。無数のドアには、それぞれ「変生、任意の動植物に変身」とか「カーマストートラ（愛経）」などのテーマが掲示されている。パブロが床に座っていて、これが無数に分裂したそれぞれの人格を「こま」にして遊ぶゲームであることを告げる。このゲームは、ヘッセのノーベル文学賞受賞作である『ガラス玉演戯』(9)(一九四三年)に登場する摩訶不思議なテクノロジー、特に文芸科学の共同体「カスターリエン」での教育や啓蒙の方法を思わせる。パブロが鏡をハリーの面前に突き付けると、彼の自己がさらにいくつにも分裂するのが見え、それらたくさんのこまをいじり回しながら、パブロが話しかける。

人間はたくさんの魂から、非常にたくさんの自我から成り立っていることも、〔あなたは〕ごぞんじです。個人の見せかけの統一をこういうふうに多くの姿に分裂さすのは、狂気だとされています。学問はそれをあらわすために、精神分裂症という名を考え出しました。学問がそう言うのは、指揮なくしては、秩序と排列なくしては、もちろん多数を制御することはできないというかぎりでは、正しい。それに反し、たくさんの意識下の自我を拘束する秩序は生涯を通じ一度しかありえないと信じる点では、学問はまちがっています。(略)そこで私たちは、学問の欠陥だらけの心霊論を、構成術と称する考え方によって補うのです。自我の分裂解体を体験した人に、その断片をいつでも任意な秩序で新しく組み立てうることを、それによって無限に多様な生命の遊戯を達成しうることを、私たちは示します。(二四二―二四三ページ)

すでに一九二〇年代の段階でテクノロジーや自然に対する特異な、しかし、同時代的には批判的なまなざしを鍛え上げ、さらに「自我の分裂」を積極的に、つまり「生命の遊戯(ゲーム)」としての「構成術」として語っているパブロ(こう語らせているヘッセ)の陰にいるのは、早すぎたポストモダニストではない。自我のめまぐるしい組み替えや、しなやかな役割の交代を尊ぶ現代的なシステムの申し子でもない。そうではなく、こうした「脱近代的」に響く言葉や意識のすべてが、そっくりそのままより「長い持続」としての近代のプロセスの一部分であることを理解すべきだろう。

魔術劇場での出来事、あるいは遊戯(バーチャルなゲーム?)は、まだ続く。ある部屋ではサーカスが繰り広げられ、狼を犬のように手なずける人間と、逆に人間を服従させる狼が登場する。この場面のおかげで、魔術劇場（ひいてはヘッセ）の狙いが、文化と自然、人間と動物の単なる逆転ではないことがわかる。さらに次の部屋に進むとハリーは過去に出会い、愛し合った少女たちと再会する。失われた恋愛や出会いの一つひとつがよみがえってくるとともに、彼のものになった。マルセイユの港の中国の女もいた。それぞれが別々の快楽の技巧を授け、特別の仕方で恥じらい、また恥知らずなことをしてみせた。このシーンでは、大仮装舞踏会の夜にハリーが感じた陶酔が夢のなかでさらに増幅されている。ちょうど『うる星やつら』の諸星あたるや面堂終太郎のように、ここでは過去の女たち、これまでに出会った女たちの表象やデータの流れ、洪水のうちにハリーはたたきこまれる。押井の映像の主人公たち、キャラクターたちは、映画の現場や物語のなかの特殊な仮想現実という現実とフィクションの二重の装置、空間を通して、そのつど誘惑する（ちょっかいを出す）女たちを召喚する。より大きなものに抱かれて、同時にいたるところに流れていきながら（これはアニメーションの基本的な作動状態と一致する）。

次の「いかにして愛によって人を殺すか」の部屋にはなぜかモーツァルトがいた。ポケットのなかに「こま」はもうなくて代わりにナイフが置かれている。このモーツァルトはさんざんハリーをからかう。そしてハリー自身が書いてきたこと、作り出したものが「何もかも盗んできた寄せ集め」——引用！——であること（二六二ページ）を告げるのだった。そして最後の部屋——『AVALON』でいえばクラスAの領域だ——で、ハリーは絨毯の上で愛し合った直後のヘルミーネとパブロを目撃する。ショックのあまり、彼女の乳房に残ったパブロの咬み跡に、ハリーはナイフを突き刺す。初めて出会った日にヘルミーネが予言したように……。

仕切りの扉から再びモーツァルトが現れ、なんと今度はラジオを組み立て始める。ゲオルク・フリードリヒ・ヘンデルの「コンチェルト・グロッソ ヘ長調」が流れ、「この悪魔的なブリキの漏斗はたちまち、気管支炎のたんと、かみつぶされたチューインガムの混合物を吐き出した」（二六七ページ）。それは未来派のノイズのようなものだったが、グラモフォンから流れるヘンデルもまた神々しいと、モーツァルトはささやく。「ラジオに耳を傾けると、理念と現象、永遠と時間、神性と人間性、それらのあいだの原始的な戦いが聞え、見える」（二六九ページ）。しかし、このテクノロジー（複製技術）は、必ずしも「音楽の精神」（アウラもしくは特異な一回性）を殺しはしなかった。たしかに複製技術はアウラを消滅させる。しかし、その痕跡を技術的、メディア（論）的に再生産／複製するかぎりで、逆にメディアの技術はアウラの存在と消息をほのめかす。これはベンヤミンのテクストが暗黙に語っていることでもある。新しい技術、ネットや3Dをはじめとするテクノロジーは、自然や宇宙＝世界を変形し、隠蔽するが、同時に自然のままでは見えないもの、聞こえないものを認知させてくれる。アニメの映像は、生きていない線や面に「魂を吹き込む」ことによって普通の自然とは異なった、反事実的（counterfact）な自然、自然にはない野生、「反自然の融即（unnatural participation）」を開く。

この「魔術劇場」という一九二〇年代に構想されたマルチメディア、愛欲と興奮剤、アルコールと音楽、映像によって構成されたテクノロジーは、生の様々な場面を反復させ、各人にそれぞれをもう一度生きさせる。ヘルミーネを殺したかどでハリーがモーツァルトと言い合いを続けているうちに、もう一つの啓示が現れる。それはなんと「ハリーの死刑執行」だった。現れた検事たちはハリーを「映像の少女を映像のナイフで刺し殺す」咎によって裁くのだった。『紅い眼鏡』や『Talking Head』で主人公が出会うのは、いつも自分自身、もしくはその分身、鏡像にほかならなかった。標的や無限遠点になる映像の少女、あるいは虚構の自己を現実のそれらと誤認して殺すことと、分身を誰かと取り違えて戦うことは、押井の作品世界では、すでに一種、お約束の展開となっている。それはアニメと現実を取り違える罪ではなく、むしろアニメやフィクションと同程度に現実（リアルと呼ばれているもの）が心もとなく、バカバカしいほどの情念や妄想に駆り立てられていることを明確にするための表現なのだった。

映像（フィクション）と現実の取り違えというテーマそのものは、若者世代に何か重大事件があるたびに現代世界で使われる紋切り型である。ハリーは映像のなかでクソまじめに嫉妬に狂い、様々な人格の「こま」を使ったゲームを生きていることを、否、人生そのものがそのような「生命の遊戯」であることを台なしにしてしまう。

謎解きや追跡や逃亡、あるいは困難な映画制作の果てに自らの分身と対峙する押井の映画の主人公たちは、まさにそれぞれの生がゲームの「こま」になっていることを示している。そこに悲劇はなく、苦いユーモアがあるだけだ。ハリーは「人間にとっては耐えがたい彼岸の大笑い」（二七二ページ）によって嘲笑される。この場でのハリーに対する「死刑執行」は笑われることだった。もっとうまくこの「こま」の遊びを覚え、「笑うことを学ばねばならない」（二七三ページ）。それが「魔術劇場」の教訓だった。ある種の映画、押井のそれのように映像と物語によって複雑な罠を仕掛ける映画は、この小説における「魔術劇場」と似たはたらきを担っている。押井は性格や動機、想像力で「荒野のおおかみ」の系譜に属していながら、同時に「魔術劇場」的なものの発明者でもある。

このゲームと笑いに、ただの逃避主義、危機の時代状況からの逃走だけを見るか、あるいは大きなバカげた流れに巻き込まれないでいるためのユーモアと身ぶりを読み取るかで、この小説の評価は変わるだろう。少なくともひどく現代的で、今日的なトピックが描かれていることはまちがいない。いまここで決定的な批判（批評）的な身ぶり、その方向性はかすかに示されている。

「君は笑うことを学ばねばならない」。彼岸の笑いが此岸に突き刺さることもある。笑うことが状況から逃げるのではなく、状況と付き合い続ける契機になることもある。映像を見ることも、文学と付き合うことも、つねにこのように笑いを学び逸れるレッスンとしてあるのではないか。そうして迂回したところから、ようやく状況のバカバカしさや、その根底にある虚構と現実の絡み合いを浮き彫りにすることができる。

ヘッセが『荒野のおおかみ』で「笑う」と言っているのは、すべてを不真面目に扱い、ふざけたり冗談にするという意味ではない。シニカルに状況から身を引いて、別次元から眺めようという姿勢でもない。むしろ笑うことが解決になるような、笑うことによってはじめて地平が確認され、その乗り越えや転倒も可能になるような出来事、現実も虚構もともにあらかじめ言葉や表現、メディアによって巧みに「操作」されていることを受け入れながら、その事態を批評するようなユーモアを、この笑いは抱えている。

たしかに風刺や笑いも死やテロにつながり、争いを誘発することがある。テロは野蛮だが、それを動機づける宗教や神話、イデオロギーや物語はかならずしも野蛮ではない。風刺も命懸けであり、単なるからかいが血を呼び、暴力を招き寄せるという危険を、この十年以上にわたって世界はいやというほど体験してきたし、現在もその傾向はますます強くなっている。アニメやマンガがその意図や動機を超えて特定の民族や文化、宗教や習慣を風刺する、あるいは刺激することによって暴力の衝動や殲滅の観念がはからずも芽吹くこともある。しかし、これを防ぎ、抑制するように表現を啓蒙のために用いるという発想は押井にはない。

だからこそ押井守には、偽史もまた現実の歴史を修正する、あるいは敗北や過誤を糊塗するための方便ではなく、それ自体が笑いの対象となる。押井は『立喰師列伝』でいちゃもんをつけて無銭飲食する「ゴト師」を描いているが、あのように戦後文学や思想をカリカチュアライズした形で日本の「戦後」――象徴的には闇市や野良犬を街から一掃していった都市化とジェントリフィケーションの過程――を笑いを武器にして描いたのは、無茶なヒロイズムとも無反省な「女性（母性）崇拝」とも無縁なところから、フィクションと現実、妄想と状況、物語（神話）と歴史の関係をとらえようとした動機から始まっていただろう。実際、様々な出来事をネットや映像などのメディアを通して受け取る私たちの生活も、いまやますます「魔術劇場」のようなものとして機能している。映画やアニメは現実の（ものとされている？）ニュースに追い付かれ、想像力を既知の事象にあらかじめ切り詰めている。この事態をすでに情報やイメージの操作を通した「戦争状態」、あるいは戦争のテクノロジーによって織り成された日常生活という「状況」として形にして目に見えるようにするために押井守はこれまでのような作風を練り上げたのではなかったか。

ずいぶんと長々とヘッセの小説の逐語的な読解に取り組んできた理由は、ここであらためて明らかになったと思いたい。再度、確認しよう。

第一に「大戦間期」という共通性があった。これは戦争を待っている姿勢ではない。むしろ、戦争が接近してくる日常を批評的に予感する身ぶりが、この視角や発想を呼び寄せる。不幸で嘆かわしいことに、いまも世界は戦争を何よりも経済的に必要としている（本来、戦争ほど不経済な無駄はなかったはずなのに、資本のシステムを多少の危機とともに円滑に回すためには、適切な範囲で戦争が必要とされる）。国民国家や資本、そして管理社会も一定の安全保障上の危機や紛争をさらなる安全保障（という名の戦争）や生政治（日常的動員の管理化）の契機に転用する。戦争の文化的、象徴論的、およびスペクタクル的なはたらきや動機もまた情動の経済の一部としてはたらいている。だからといって戦争しよう、国家や民族のために死のう、といった安っぽい愛国主義を振りまくには押井は知的でありすぎる。前の戦争の惨禍を知りながら、次の戦争の姿と、まだ見たことがない、それでいてすでにもう何十年も作動しているかもしれない戦争状態が日常と想像力や映像のなかに忍び寄ってくる過程や消息をエンターテインメントのなかに描くこと、これが「大戦間期」の表現者に固有な身ぶりのひとつなのだ（『機動警察パトレイバー2 the Movie』での自衛官荒川の発言、「戦争、そんなものはとっくにはじまっているさ。問題はいかにケリをつけるか、それだけだ」という市田良彦による断言は、実に一九八九年、筆者も共著者として参加した『ワードマップ・戦争』[10]という著書で述べられている）。

第二に長期的なスパンで近代を見つめると、そこにはすでに脱近代的なものに向かう発想や表現が一種の方向性（vector）として息づいていることがわかる。科学やテクノロジーの進展につられて、あたかも社会や文化のあらゆる変容、人間や生（活）の全てがそれらに左右されているように考えてしまうのが多数派の想像力の貧しさにほかならない。決定的な技術的条件の変容は、生きた世界を定量化、計量化することによって不活性化することをやめない。ここにも押井は近代と脱近代（超近代）の相互的な浸透を見いだし、この離接的な関係を目に見えるようにしようとする。

第三に、人間は動物との関係でとらえられ、動物でも犬と狼のような微妙な「間《あわい》」や「閾《しきい》」に焦点が当てられる。動物から人間へという進歩のヴェクトルを信奉することにもはや意味はないし、同様に人間がテクノロジーによって動物のように管理された家畜になるというヴィジョンにもさほど新味はない。逆に人間という形象こそが、動物や非人間的なものの契機を必要とし、招き寄せてきたし、これを様々な表現のなかで繰り広げてきたのが近＝現代（modernity）であったという自覚のもとに押井は映像に向かっている。

こうして、ほぼ百年ほど活動の時代をたがえる二人の作家、ヘッセと押井の間には、「犬とおおかみ」「動物と人間」「自然と精神」「戦争と平和」「近代と超近代」「現実と虚構」……そして「真面目と遊び」といった多様な二項が互いに対立し、排除し合いながら、また同時に互いを包含し合うような融合の状態、「自然に反する融即（unnatural participation）」を、文学と映像のそれぞれのフィールドで形にするという共通性があることが見えてくる。そもそもアニメのような話はいくらでも近代文学、世界文学のなかには転がっている。

この「自然に反する融即」は、離接的総合（disjunctive synthesis）、すなわち「ばらばらに離れていながら一つにつながるはたらき」であり、排中律に支配されない、言い換えれば、排除された第三項によって左右されない論理、相互に内包し合う中間項（mutually included middle）の論理からなっている。二つ以上の複数の契機で、それぞれが自らの作動領域をそれぞれ抜け出して、縄張りを広げていき、同時に横断し合い、接続する傾向を捨てないという状態として、この奇妙な自然への融即＝分有を見ることができる。ここで現実と虚構という二項が互いに自らの外に出て、他の何か別のものに生成しながらなお互いに内包し合うとしたら、最終的なモノやブツとしての現実は、虚構に対する一項ではなくなる。二つの契機の識別不可能性が、むしろ最終的な問題、物質＝質料（matter）になるのである。押井守の作品では、こうした奇妙な関係のあり方やダイナミクスが、理解し合い伝達し合うコミュニケーションとしての相互関係ではなく、どこまでも矛盾し、対立し合ったまま、なおひとつの物語や作劇たりうるようにはたらいている。

ここにはフィールドや環境のように広がった情動のはたらきがあり、妄想や情念を動機や資源とする戦争、虚構か現実か迷い、探索（検索？）することが日常のオーディエンスをスペクタクル化された情報環境に「人質」化するような暴力、もしくは戦争のモデルを突き付ける。たとえば、原理主義者のテロリストたちと「テロとの戦い」を強調する先進国の政治家たちの間で「賭け金」、文字どおりの人質とされた市民や同胞の生命は、情報とメディア、表現の領域でも魔術劇場の「こま」として現れるだろう。ここではもはや人質の生とテロリストの生は等価ではなく、交換もされない。では、かつてボードリヤールが『象徴交換と死』[11]で述べたように、死と犠牲を突き付けることによってシステムは倒れるか。逆にそうした犠牲のプロットを消費させ、自殺や無差別殺人といった行為やテロを通して具体的に生きさせることによってシステムは温存されてしまうのではないか（ここで言っているシステムとは、資本主義とネットを含むあらゆるメディアや表現手段を指している）。「魔術劇場」が日常に遍在化した段階での戦争では、むしろこうした情報をわれさきに消費する（つぶやく）全員が「人質」になっているような戦争とテロリズムの相互貫入がおこってしまっている。新しい戦争や見たことがない戦争として語られるにもかかわらず、それはいまここですでに生きられてしまっている。

ここから出るようなエクソダス、脱走の方途はありうるか。逃げるといっても、どこへ？　あるいはそもそも何に人間は閉じ込められているのか。ひとまず言えることは、表象＝代表や自己同一化といったあらゆるアンカー（錨）を拒み、そうした捕捉から引きこもるような映像を紡ぐ、そのような映像に活を入れる（「活性化＝アニメート」する）ということだろう。つまり、この与えられた奇妙な状況、立つべき現実のたしかな参照系もないままで、魔術劇場にはめられている事態そのものを、いくたびもはっきり描き出し、虚構と現実、戦争と平和、動物と人間、情動と理性、妄想と認知、近代と超近代……の絶え間ない転倒と相互内包を映像にすること、これが押井守が自らのアニメ映像に与えた使命＝課題ではないだろうか。

このミッションのために、人間がいない風景としての戦場を描くこと、また映画館を戦場というスペクタクルにつなぐことによって、現実の戦争を忘れさせる、その現にある動きさえ否認させるようなメタレヴェルの劇場、日常の生活世界や環境そのものを「戦争」にするような劇場、そのような魔術劇場は、押井にとってアニメであり、同時にそれを産業として成立させる作戦や状況の展開のフィールドとして現れてくる。

人間がいない戦場を、この作家はいずれどんなアニメ映像で達成するのだろうか。もちろん、兵器はテクノロジーや道具の一種であり、そのかぎりで主体（主観性）としての人間にとっては対象＝客体（objects）である。では、人間がいない戦場は機械たちやモノたちだけでおこなわれる風景になるのだろうか（すでに述べたように、これはなるべく負傷者を減らしたい現代の軍隊と戦略の理想でもある。たとえ軍事が民間にゆだねられても、この点に変わりはないだろう）。人間（主体）がモノや対象に向かっているのではなくて、逆にモノや対象、機械や動植物たちのほうが人間を見つめているのではないか。あるいは、動物や非人間としての何らかのエージェント――微生物や植物、鉱物や機械まで含めて――が人間のすることと絡み合っているという視角が押井の作品のなかには生まれている。これと似た考え方の系譜は、メルロ゠ポンティの身体と自然の交錯を論じる哲学や、認知の枠組みそのものに一種の不可能な象徴交換を見いだすボードリヤールの社会学（批判理論）のなかにもあったことに注意したい。人間がモノを見つめているのではなく、モノが人間を見つめているという発想の逆転のことだ。そしてその向こうからの視線によってはじめて、主体と対象、人間とモノのカップリングは事後的に現れる。アニメ（動画）のなかにおさめられた世界、それを可能にするのは、ただの想像力や構想力ではなく、このカップリングの間《あわい》、主／客、人間／非人間、自然／精神（文化）の閾《しきい》のなかからひそかに生まれてくる力能にほかならない。

たしかに普通に存在するモノには感覚器官がないけれど、モノは少なくとも感知できる。モノが感覚できる存在であり、はじめから知覚や美的感覚を構成するプロセスや動きの一部になっているかぎりで、モノは風景から浮き上がった主体を取り巻く環境《アンビエンス》の一部、あるいはそのエージェントになっている。

アニメーションはモノに生を吹き込む。モノを擬人化する、モノを生き物として扱うというだけではない。実際に静止した無数の画像、モノでしかない描かれた素材としての絵に運動を持ち込み、さらに様々な演出による時間や空間の強調を通してモノでしかない映像が潜在的に生きたもの、感知しうるものから感覚する活力ある存在に束の間、移行する。そのようにして映像や想像されたものに強度（内包量）を与えるプロセスが、押井守のアニメーションではつねにおこっている。つまり、存在させ、変容させ、生成させる力、そのような潜勢力を変調したり、調整したりする位置に押井は立っている。モノや道具、機械の側から生まれてくる力や息吹を、彼は映像化あるいは物質化しようとする。フットボールや都市のインフラの細部への視線を通して、二足歩行機械としてのレイバーが軍事的に無能な機械であることを示してみせたり、あるいは人間ドラマを通してモノや道具、機械たちを「キャラとして立たせる」ことによって人間がいなくても成立する情動やドラマツルギーを配置することもある。動物と人間、機械と人間、犬と狼……の間に、生を吹き込まれたモノ、感覚することができる（と見なされた）モノたちが集まっては消えていく。

いつか押井守が『荒野のおおかみ』をアニメか映画にしたらすごいものができるのではないか、ひそかにそんなことを思いながら、いやになるような世界の出来事、破滅か滅びに邁進する日々の日本語環境、いや日本という社会と国家をもう少し見ていたい。むろん、見るだけではすまない「笑い」、切れば血が出る、あるいは地と図が反転するような「笑い」がここには生まれるだろう。しかつめらしい啓蒙や正しい大義だけでは、またぞろ「映像の少女をナイフで殺す」羽目になりかねない。フィクションで現実を演じることが問題なのではなく、現実のなかで蠢いている妄想や虚構が物質的な裏づけをもつときの論理と演出（手法）に押井は繊細に注意を向けながら、自らのアニメ映像を切り出している。

「笑うことを学ぶ」には、映像を斜めに読み、テクストの無意識を掘り、現実と虚構が織り成す虎挟みのような二重の縛りをあくことなく生み出しては、解きほぐしていかなければならない。

注

（1）ルソー『孤独な散歩者の夢想』永田千奈訳（光文社古典新訳文庫）、光文社、二〇一二年
（2）ドストエフスキー『白痴』全三巻、望月哲男訳（河出文庫）、河出書房新社、二〇一〇年
（3）フランツ・カフカ「掟の門前」『カフカ自撰小品集』吉田仙太郎訳（大人の本棚）、みすず書房、二〇一〇年
（4）前掲『異邦の身体』第四章
（5）ヴァルター・ベンヤミン『パサージュ論』全五巻、今村仁司／三島憲一ほか訳（岩波現代文庫）、岩波書店、二〇〇三年

（6）レーオポルト・フォン・ザッヘル＝マゾッホ『毛皮を着たビーナス』種村季弘訳（河出文庫）、河出書房新社、二〇〇四年
（7）ヘルマン・ヘッセ『デミアン』高橋健二訳（新潮文庫）、新潮社、二〇〇七年
（8）フリードリヒ・キットラー『グラモフォン・フィルム・タイプライター』上・下、石光泰夫／石光輝子訳（ちくま学芸文庫）、筑摩書房、二〇〇六年
（9）ヘルマン・ヘッセ『ガラス玉演戯』高橋健二訳、ブッキング、二〇〇四年
（10）市田良彦／丹生谷貴志／上野俊哉／田崎英明／藤井雅実『戦争――思想・歴史・想像力』（ワードマップ）、新曜社、一九八九年
（11）ジャン・ボードリヤール『象徴交換と死』今村仁司／塚原史訳、筑摩書房、一九八二年

［注記］『荒野のおおかみ』からの引用はすべて高橋健二訳（〈新潮文庫〉、新潮社、一九七一年）による。引用文のあとの数字は文庫版のページ数を指す。表記について、通常の動物の場合には漢字の「狼」を用い、作品での特定の意味での動物の場合には「おおかみ」と記して区別している。

資料1　押井守監督作品・著書リスト

▼テレビアニメ

『うる星やつら』監督：押井守、原作：高橋留美子、フジテレビ系、一九八一年十月―八四年三月

▼ＯＶＡ

ＯＶＡ『御先祖様万々歳！』全六巻、原作・脚本・監督：押井守、企画製作：スタジオぴえろ、一九八九―九〇年

▼映画

『うる星やつら2 ビューティフル・ドリーマー』監督：押井守、原作：高橋留美子、配給：東宝、一九八四年

『天使のたまご』脚本・監督：押井守、原案：押井守／天野喜孝、製作：徳間書店／徳間ジャパン、一九八五年

『紅い眼鏡』脚本・監督：押井守、企画：紅い眼鏡制作委員会、一九八七年

『機動警察パトレイバー1 the Movie』監督：押井守、原作：ヘッドギア、配給：松竹、一九八九年

『ケルベロス 地獄の番犬』原作・脚本・監督：押井守、配給：松竹、一九九一年

『機動警察パトレイバー2 the Movie』監督：押井守、原作：ヘッドギア、配給：松竹、一九九三年

『Talking Head』監督：押井守、配給：バンダイ、一九九二年

『GHOST IN THE SHELL 攻殻機動隊』監督：押井守、原作：士郎正宗、配給：松竹、一九九五年

『AVALON』監督：押井守、配給：日本ヘラルド映画、二〇〇一年

『イノセンス』脚本・監督：押井守、原作：士郎正宗、配給：東宝、二〇〇四年

『GHOST IN THE SHELL 攻殻機動隊2.0』監督：押井守、原作：士郎正宗、配給：ワーナー・ブラザーズ映画、二〇〇八年

『スカイ・クロラ』監督：押井守、原作：森博嗣、配給：ワーナー・ブラザーズ映画、二〇〇八年
『立喰師列伝』原作・脚本・監督：押井守、配給：東北新社／Production I.G、二〇〇九年
『ASSAULT GIRLS』脚本・監督：押井守、配給：東京テアトル、二〇〇九年
『THE NEXT GENERATION パトレイバー 第一章』総監督：押井守、監督：辻本貴則／湯浅弘章、原案：ヘッドギア、配給：松竹メディア事業部、二〇一四年
『THE NEXT GENERATION パトレイバー 第二章』総監督：押井守、監督：辻本貴則／湯浅弘章、原案：ヘッドギア、配給：松竹メディア事業部、二〇一四年
『THE NEXT GENERATION パトレイバー 第三章』総監督：押井守、監督：辻本貴則／湯浅弘章、原案：ヘッドギア、配給：松竹メディア事業部、二〇一四年
『THE NEXT GENERATION パトレイバー 第四章』総監督：押井守、監督：押井守／湯浅弘章、原案：ヘッドギア、配給：松竹メディア事業部、二〇一四年
『THE NEXT GENERATION パトレイバー 第五章』総監督：押井守、監督：辻本貴則／田口清隆、原案：ヘッドギア、配給：松竹メディア事業部、二〇一四年
『THE NEXT GENERATION パトレイバー 第六章』総監督：押井守、監督：田口清隆／湯浅弘章、原案：ヘッドギア、配給：松竹メディア事業部、二〇一四年
『THE NEXT GENERATION パトレイバー 第七章』総監督・監督：押井守、原案：ヘッドギア、配給：松竹メディア事業部、二〇一五年
『THE NEXT GENERATION パトレイバー 首都決戦』総監督・監督：押井守、原案：ヘッドギア、配給：松竹メディア事業部、二〇一五年

▼書籍ほか

押井守／天野喜孝『天使のたまご』(徳間アニメージュ文庫)、徳間書店、一九八五年
押井守作、藤原カムイ画『犬狼伝説』日本出版社、一九九〇年

押井守原作、おおのやすゆき画『西武新宿戦線異状なし――DRAGON RETRIEVER』日本出版社、一九九四年
押井守『獣たちの夜――Blood the last vampire』(角川ホラー文庫)、角川書店、二〇〇二年
押井守『立喰師列伝』角川書店、二〇〇四年
押井守/上野俊哉「徹底討議 アニメはズレから始まる――2Dと3Dのはざまで」「ユリイカ」二〇〇四年四月号、青土社
押井守『雷轟――PAX JAPONICA』エンターブレイン、二〇〇六年
押井守/岡部いさく『戦争のリアル――disputationes Pax Japonica』エンターブレイン、二〇〇八年
押井守『勝つために戦え！ 監督篇』徳間書店、二〇一〇年
押井守『コミュニケーションは、要らない』(幻冬舎新書)、幻冬舎、二〇一二年
押井守『Garm Wars 白銀の審問艦』KADOKAWA、二〇一五年

資料2　本書中に登場したテレビアニメなどの作品リスト

▼テレビアニメ

『宇宙戦艦ヤマト』監督：松本零士、日本テレビ系、一九七四―七五年
『WOLF'S RAIN』監督：岡村天斎、原作：BONES/信本敬子、フジテレビ系、二〇〇三年
『銀河英雄伝説』総監督：石黒昇、原作：田中芳樹、テレビ東京、一九九〇年
『攻殻機動隊 S.A.C. 2nd GIG』監督：神山健治、原作：士郎正宗、パーフェクト・チョイス/日本テレビ系、二〇〇四―〇五年
『交響詩篇エウレカセブン』監督：京田知己、原作：ボンズ、TBS系、二〇〇五―〇六年
『機動戦士ガンダム』総監督：富野喜幸、原作：矢立肇/富野喜幸、名古屋テレビ、一九七九―八〇年
『鉄腕アトム』原作・監督：手塚治虫、フジテレビ系、一九六三―六六年

『鋼の錬金術師』監督：水島精二、原作：荒川弘、TBS系、二〇〇三年
『フランダースの犬』監督：黒田昌郎、原作：ウィーダ、フジテレビ系、一九七五年
『ブレンパワード』総監督・監督：富野由悠季、原作：矢立肇／富野由悠季、WOWOW、一九九八年
『ラーゼフォン』監督：出渕裕、原作：BONES／出渕裕、フジテレビ系、二〇〇二年
『新世紀エヴァンゲリオン』監督：庵野秀明、原作：GAINAX、テレビ東京系、一九九五―九六年

▼アニメ映画

『風の谷のナウシカ』原作・監督：宮崎駿、配給：東映、一九八四年
『紅の豚』脚本・監督：宮崎駿、配給：東宝、一九九二年
『攻殻機動隊 STAND ALONE COMPLEX』監督：神山健治、原作：士郎正宗、アニマックス、二〇〇二年
『さらば宇宙戦艦ヤマト 愛の戦士たち』監督：舛田利雄／松本零士、原案：西崎義展／松本零士／舛田利雄、配給：東映、一九七八年
『MIND GAME』監督・脚本：湯浅政明、原作：ロビン西、二〇〇四年

▼映画

『アバター』監督：ジェームズ・キャメロン、配給：二十世紀フォックス映画、二〇〇九年
『イージーライダー』監督：デニス・ホッパー、配給：コロムビア、一九七〇年
『ウィークエンド』監督：ジャン＝リュック・ゴダール、配給：ATG、一九六七年
『エイリアン』監督：リドリー・スコット、配給：二十世紀フォックス映画、一九七九年
『ターミネーター4』監督：マックG、配給：ソニー・ピクチャーズ エンタテインメント、二〇〇九年
『第三の男』監督：キャロル・リード、配給：東和東宝、一九五二年
『バットマン　ビギンズ』監督：クリストファー・ノーラン、配給：ワーナー・ブラザーズ映画、二〇〇五年
『ブレードランナー』監督：リドリー・スコット、配給：ワーナー・ブラザース映画、一九八二年

『ベルリン・天使の詩』監督：ヴィム・ヴェンダース、配給：フランス映画社、一九八八年
『ラ・シオタ駅への列車の到着』監督：リュミエール兄弟、一八九五年

▼書籍ほか
大塚英志原作、衣谷遊漫画『リヴァイアサン』全十二巻（電撃コミックス）、メディアワークス、一九九九―二〇〇五年
井上雄彦著、吉川英治原作『バガボンド』（モーニングKC）、講談社、一九九九年―
スタン・リー原作・原案、スティーヴ・ディッコ作画『スパイダーマン』全七百巻、マーベル・コミック、一九六三―二〇一二年
藤子不二雄『オバケのQ太郎傑作選』全三巻（てんとう虫コミックス）、小学館、一九七六年
三浦建太郎『ベルセルク』（Jets comics）、白泉社、一九九〇年―
山上たつひこ『がきデカ』全二十六巻（少年チャンピオン・コミックス）、秋田書店、一九七五―八一年
矢作俊彦『あ・じゃ・ぱん』上・下巻、新潮社、一九九七年
矢作俊彦／大友克洋『気分はもう戦争』（アクション・コミックス）、双葉社、一九八二年

▼楽曲
「犬のおまわりさん」作詞：さとうよしみ、作曲：大中恩、一九六〇年
「Born to be wild」作詞・作曲：マーズ・ボンファイヤー、歌：ステッペンウルフ、一九六八年

あとがき

すべてが戦争である。争いを避ける、平和と形容される日々の営みも含めて。

戦争が、ファシズムがやってくる、あるいはいまここにそれがあるという啓蒙されたオオカミ少年の所作ではなく、この世界のすべてが戦争という妄想に取り付かれているという事態そのものに疲れ＝憑かれてなお、押井守はその無意味や虚妄を幻想や虚構を通した陶酔によって明らかにする。彼はほとんどファシズムの美学とすれすれのところで日常という戦争＝営みのバカバカしさ（不条理）と無意味（ノンセンス）を掘り抜いていく。動物（犬や狼といった形象）と鎧の意匠＝衣装はこの視線と身ぶりにとってなくてはならない契機である。そのようにして日々の営みの細部のうちに戦争が、虚構の戦争のうちに戦争を金儲けその他のために必要とする社会のリアルが見つめられる。戦争を描くにあたって、政治も経済も興味がないので扱わないという彼の主義は、そういう狙いのゆえであり、ことさら反動的というわけではない。単に政治も経済も同じ無意味に駆動されており、戦争の記憶や予感は、この日常においてつねに醸成されている。

日常の営みをスポーツの場合のように戦争に喩えているのではない。この日常と歴史はつねに戦争と戦争の間にあり、そのかぎりで戦争を予感し、準備し、あるいはこれを阻もうとしている。戦争をさせない行為さえ闘いであり、戦争を待っている時間、「戦間期」の日常もまた、すでにもう一つの戦争にさせられている。「気分はもう戦争」（矢作俊彦）という言葉もあるが、押井にとっては「あらゆる情動（気持ちのはたらきかけあい）は戦争に規定されている」。戦争が「最終審級」であるような世界に生きているという事実を、押井は映画の観客に突き付け、著作の読者に自覚させる（最近の人生論めいた新書は営業、ならびにご愛嬌だろう）。この場合、押井にとっての戦争は、何のためにおこなっているのか、究極的には無意味であることを薄々わかっているのに、あらゆる日常がそれに向けて動員されているような行為一般を指している。
いやもちろん、戦車や戦闘機、戦艦や戦車にフェティッシュな感情を抱くという性癖——これは筆者のなかにもあるけれど、坂口安吾や中井正一が気づいていたモダニズムの変態的な一断面でもあるだろう——には言い訳のしようもない、多くの危険がはらまれているのだが……。そもそも警察や軍隊を扱う表現ジャンルにいい大人がいつまでも夢中になっていられるのも、そもそもけしからぬことではないか、という声が心に響かないこともない。

この日常のあらゆる営みに戦争を見いだす視線がまず気づくこと、それは一つの逆説である。文民統制《シビリアン・コントロール》による戦争の抑制や限定が、逆に官僚制や役人仕事のなかで無意味に戦線を拡大し、戦争を長期化する結果につながるという逆説は、しばしば彼の作品に登場する。効率を上げるための試みが、さらなる非効率や無駄につながるという矛盾は、この日常生活・資本主義のシステムのいたるところに見いだせる。これではほとんどベトナム戦争以来の「マクナマラ戦略」のようなものではないか。

表現者としての彼の立場は反戦にはない。だから、いくらでも警察や自衛隊（防衛庁）に協力をあおいで映画を撮り、アニメを作ることも、彼にとっては創造とビジネスの手段として淡々とできてしまう。問題は、そのように運ぶリアル・現実をそのように回していくシステムにある（冷却水をかけ続けメルトダウンした原子炉の暴走を抑止し、日々、汚染水を海や地下に放出し続けている状況もまた、同じくだらない戦争である）。どこの組織にも、どんな商売にもあるはずの「限定が拡大を生む」悪循環を描くことは、戦争のバカバカしさ（不条理）をフェティッシュとして楽しみながらも明確に浮き彫りにするような営みになる。それが現時点での彼の戦いであり、映画監督として生き残るための勝利条件でもあるのだった。

孤独な武闘派を描くこと、あるいは敗北を半ば受け入れながら、それでもはじめの命令や志どおりに巨大な何かに挑戦するというロマン主義的な身ぶりが、どれほど実際の戦争のリアルから遠いかを知りながら、彼はその種の美学を「量産」することをいとわない。これもまた日常の情動を戦争のリアルに動員することによって、戦争のバカバカしさ（不条理）に挑戦する契機になりうるからである。

押井の新しい作品に出会うたびに、人は「ああ、またこれか」という既視感にとらわれる（ループや反復の積み重ねという伝家の宝刀である）。不満ではなく、そのたびにいつも少し違う、ほとんど同じ問いの反復に作家ともども向かっている気にさせられる。かれこれ三十年ほど押井の作品と付き合ってきて、こちらもずっとそのような「いつも違うが、ほとんど同じ」問いを考え続けてきたのかもしれない、と思うようになった。これは「転がる石に苔むさず」を目指す姿勢ではない。「永遠のワンパターン」に居直ることでも、手癖を芸にしてどうにか生き延びることでもない。

あれは『イノセンス』完成直後のインタビューだったか、押井は「後半の戦艦での戦闘を撮ったことで、ぼくは艦隊戦を撮る権利を得たんだ」と述べていた。そのとき気づいたことは、押井が自らの個別の作品を、いつか未来に撮るはずのきたるべきライフワークのための予行練習あるいは実験のパーツと見なして作ろうとしているということだった。以後、『Assault Girls』を見ても『The Next Generation パトレイバー首都決戦』の情報に接しようと、あらかじめそういう眼で彼の作品に向かうようになった。

最近、刊行された『Garm Wars 白銀の審問艦』を読んでも、ほどなく公開されるはずの『GARM WARS The Last Druid』の予告篇を見ても、このことははっきりとわかる。本書中でもふれたように、長い間、映画監督としての押井の野心は、「人間が存在しない戦場」「人間以前の世界の人間でないモノや機械たちによる戦争」を描くことにあった。たとえば、『AVALON』も「GARM」のプロジェクトの一環からこぼれ落ちてできた作品であることはすぐにわかった。昔、『AVALON』の最初の試写会でちらりと会ったおり、「こういうことになっちゃったんですよ」という彼の個人的なつぶやきを聞いたときに、すでにこの展開は予感されていた。

たしかにそこには例によって押井特有の主題が多くちりばめられている。たとえば、機械たちの戦争、ヘブライズムや『聖書』の論理、ドルイドやアニミズムなど異教の視角、巡礼、審問、犬、鳥、義体とその並列化、鋼鉄の鎧、電脳による伝染や転移、女性や少女の犠牲、有機的なデザインの機械や兵器、現実と虚構の混淆、記憶の操作、経験のループと永遠回帰……といったところが誰にでもすぐに見て取れる。

『GARM WARS The Last Druid』の予告篇を見ると、「機械（義体）たちの戦争」というよりも俳優の演技やキャラクター設定にハリウッド的な文法が感じられ、グローバルな市場をにらんだ「世界戦略」が透けて見える。言い換えれば、ここにも例によって「一時撤退」という戦術が判断のうちに入り込んでいる。たしかにSFやファンタジー的な設定や形而上学的な問いは、この日常の戦場や「魔術劇場」には見いだしにくい。それでもニュース映像さえ細部において見る押井は、自衛隊の八九式小銃につけられた暗視スコープを見逃さないし、「イラク戦争」のさいのフセインの「大統領警護隊」（National Guards）について、押井は実体のない典礼軍や儀仗兵、あるいは「幻の部隊」ではないか、という疑いを差し出す（『戦争のリアル』）。現実の戦争でも情報や映像の操作はもとより、押井的主題の一つである現実と幻想、あるいは事実と虚構の混淆は、そうやってつねにはたらいているからである。

　虚構を作り出し、同時にそれをたえず養分として増殖し、伝染するのがファシズムやナショナリズムのつねであるならば、その魅惑を感性や表現において徹底して追求しながら、同時にリアルな視線、現実を細部において分析する視線を捨てずにいること、戦間期にはそうした態度が求められる。戦争という状況にとっての最大の危機は、『Garm Wars 白銀の審問艦』でも表現されているように、人々がその意味を考え始めること、あるいは戦線や後方の兵士が立ち止まって問いを発するさいの、その時間の経過そのものである。だからこそ、戦争の無意味（ノンセンス）とリアル（技術的・歴史的条件）の細部に向かう回路を、押井はからずも「戦間期」に見いだしたのではなかったか。この無意識に刻印された情動を映画の構造に持ち込むべく、押井は「男性性と鎧《アーマー》」「女性性と犠牲《サクリファイス》」「動物性と恩寵《グレース》」という標識《マーカー》を見る者のために用意した。一方ではカタルシスを高め、娯楽に徹するために、また他方では、つねに鎧は無能であり、役立たずであり、機能的であるよりは妄想的（幻想的）であることを描き出す（レイバーという機械の無能、ヘリコプターという兵器の脆弱性）。同時に、おかっぱ頭の女性に殺されたり、殺しあったりしながら、「映像の少女を殺すこと」を無限遠点のように作品の彼方に置いておく。この消息を見つめているのは、人間ではなく、機械たちや動物たち、植物や岩のような環境でしかない。押井の映像を見ることは、こうしたリアルに向かうための巡礼のようなものだ。

ただし出会うべき、あるいは忠実たるべき真理はない。映像＝イメージの裏には何もない、ただ不在（無意味）が存在するだけであり、アニメの場合には特にそうだ。ファシズム（あるいはその萌芽形態であり、その分身＝双子でもあるナショナリズムやデモクラシー）は、この事実に耐えることができなくなった知性や感性が逃げ込む情動の操作手法にほかならない。

＊

押井守に言わせれば、批評家は映画からの祝福や恩寵を永遠に与えられることがない、「イエスに愛されなかったユダのようなもの」であるという（『勝つために戦え！監督篇』）。たしかに、これは言いえている。映画に愛されることがない、アニメに祝福されることがない、表現や創造の裏切り者として批評（家）は映画＝アニメに憑かれ、呪縛され続ける。ここに希望はないが、妬みもまたない。むしろ、作家が表現において遂行する戦いを持続可能なものとして日常に返していく営みを自らの戦いとするだけである。もちろんこの戦いは、ほとんど出来の悪いマンガのような「戦争できる国」「戦争を必要とするシステム」などの一切に対する、挑戦や批判の営みになることもある。作家の考えてもいなかったつながりや引用の可能性を探り、掘り当てることをやめられないのは、この批評にかけられた呪いによるのかもしれない。

本書は所属先である和光大学の二〇一四年度学術図書刊行助成の補助を受けている。今後、私立大学は補助金という兵站をめぐって当局とますます面倒な戦いに巻き込まれていくだろうが、そのような状況下、この助成に記して感謝する。

もう十五年以上にわたり、持続的に筆者の仕事に言葉を投げてくれている編集者である矢野未知生さんとの仕事をようやく形にすることができた。矢野さんの忍耐と繊細さには大いに助けられたが、感謝すると同時に、本書を作るまでのやりとりも次のプロジェクトの糧としたい。

そして映画や本は、その内容を「わかるため、理解するためにあるのではない」ということを教えてくれた押井守監督本人にも敬意を評したい。あなたの無意識の領野がいまだ広大であることに感謝したい。批評にも、まだ戦力は残っている。

［著者略歴］
上野俊哉（うえの・としや）
1962年、宮城県生まれ
和光大学表現学部総合文化学科教授
専攻は社会思想史、文化研究
著書に『思想の不良たち――1950年代 もう一つの精神史』（岩波書店）、『思想家の自伝を読む』（平凡社）、『アーバン・トライバル・スタディーズ――パーティ、クラブ文化の社会学』（月曜社）、『ディアスポラの思考』（筑摩書房）、共著に『実践カルチュラル・スタディーズ』（筑摩書房）、『戦争と平和』（徳間書店）、共訳書にポール・D・ミラー『リズム・サイエンス』（青土社）、ポール・ギルロイ『ブラック・アトランティック――近代性と二重意識』（月曜社）など

荒野《こうや》のおおかみ　押井守論

発行――2015年3月31日　第1刷
定価――2800円＋税
著者――上野俊哉
発行者――矢野恵二
発行所――株式会社青弓社
〒101-0061 東京都千代田区三崎町3-3-4
電話 03-3265-8548（代）
http://www.seikyusha.co.jp
印刷所――三松堂
製本所――三松堂

ISBN978-4-7872-1051-7 C0010